国家智库报告 2016（34）
National Think Tank

国际问题研究

全球治理中的中国与欧盟：观念、行动与合作领域

江时学 著

CHINA-EU COOPERATION IN GLOBAL GOVERNANCE

中国社会科学出版社

图书在版编目（CIP）数据

全球治理中的中国与欧盟：观念、行动与合作领域／江时学著．—北京：中国社会科学出版社，2016.8（2017.10重印）

（国家智库报告）

ISBN 978 - 7 - 5161 - 8393 - 9

Ⅰ.①全…　Ⅱ.①江…　Ⅲ.①国际政治—国际合作—研究—中国、欧洲国家联盟　Ⅳ.①D822.35

中国版本图书馆 CIP 数据核字（2016）第 126720 号

出 版 人	赵剑英	
责任编辑	喻　苗	
责任校对	张依婧	
责任印制	李寡寡	

出　　版	中国社会科学出版社	
社　　址	北京鼓楼西大街甲 158 号	
邮　　编	100720	
网　　址	http：//www.csspw.cn	
发 行 部	010 - 84083685	
门 市 部	010 - 84029450	
经　　销	新华书店及其他书店	

印刷装订	北京君升印刷有限公司
版　　次	2016 年 8 月第 1 版
印　　次	2017 年 10 月第 2 次印刷

开　　本	787×1092　1/16
印　　张	10.25
插　　页	2
字　　数	140 千字
定　　价	45.00 元

摘要： 在全球化深入发展、各国相互依存度不断提高的条件下，全球问题呈现出多元化和复杂化的特点。因此，世界各国应团结一致，共同努力，积极谋求应对之道。这样的应对就是全球治理。

中欧是正在形成中的多极世界的重要力量，肩负着推动全球治理、维护世界和平、促进共同繁荣与可持续发展的责任。因此，中欧应在全球治理的多个领域开展切实可行的合作，以集体行动应对各种全球问题。

中欧双方的全球治理观不尽相同，但共性多于差异。这为双方在推动全球治理的过程中加强合作创造了有利的政治条件。

加强中欧在全球治理领域的合作，既有利于解决困扰人类社会的各种全球问题，也有利于丰富中欧全面战略伙伴关系的内涵。为使中欧在全球治理中的合作取得更大的成效，双方必须坚持以下原则：相互尊重主权、最大限度地吸纳一切可以吸纳的力量、服从于联合国的主导作用及《联合国宪章》、继续稳步推进双边关系。

全球治理是一个宽泛的概念。因此，中欧在全球治理领域中的合作，应该落实到具体的领域。就当前全球问题的严重性及中国面临的"战略机遇期"而言，中欧在全球治理中的合作应该主要包括：在二十国集团内的合作、在全球贸易治理中的合作、在全球金融治理中的合作、在全球气候治理中的合作、在全球互联网治理体系中的合作、在反恐领域的合作以及在非洲事务中的合作。

目　　录

前　言 ……………………………………………………………（1）

第一章　中国与欧盟的全球治理观 ……………………………（1）
 一　中国的全球治理观 ……………………………………（1）
 二　欧盟的全球治理观 ……………………………………（6）
 三　中欧在全球治理中加强合作时应遵循的原则 ………（10）
 四　小结 ……………………………………………………（12）

第二章　中欧在二十国集团内的合作 ………………………（14）
 一　中国和欧盟对 G20 的立场 …………………………（15）
 二　中欧对 G20 的期待和要求 …………………………（21）
 三　中欧在 G20 内加强合作的方式方法 ………………（29）
 四　小结 ……………………………………………………（35）

第三章　中欧在全球贸易治理中的合作 ……………………（37）
 一　强化全球贸易治理的必要性 …………………………（37）
 二　中欧对全球贸易治理的立场 …………………………（41）
 三　中欧在全球贸易治理中加强合作的重点领域 ………（47）
 四　小结 ……………………………………………………（52）

第四章　中欧在全球金融治理中的合作 …………………… （54）

　　一　强化全球金融治理的必要性 ………………………… （54）

　　二　中欧对全球金融治理的立场 ………………………… （60）

　　三　中欧在全球金融治理中加强合作的方式方法 ……… （69）

　　四　小结 …………………………………………………… （72）

第五章　中欧在全球气候治理中的合作 …………………… （73）

　　一　中国的全球气候治理观及其行动 …………………… （73）

　　二　欧盟的全球气候治理观及其行动 …………………… （78）

　　三　中欧在全球气候治理中加强合作的方式方法 ……… （85）

　　四　小结 …………………………………………………… （89）

第六章　中欧在全球互联网治理体系中的合作 …………… （91）

　　一　中欧在全球互联网治理体系中加强合作的
　　　　必要性 ……………………………………………… （91）

　　二　中欧网络安全战略的特点 …………………………… （99）

　　三　中欧在网络安全领域加强合作的方式方法 ……… （105）

　　四　小结 ………………………………………………… （113）

第七章　中欧在反恐领域的合作 …………………………… （114）

　　一　中欧在反恐领域加强合作的必要性 ……………… （114）

　　二　中欧在反恐问题上的立场及反恐战略 …………… （118）

　　三　中欧在反恐领域加强合作的方式方法 …………… （122）

　　四　小结 ………………………………………………… （128）

第八章　中欧在非洲事务中的合作 ………………………… （129）

　　一　中国与非洲国家的关系 …………………………… （129）

　　二　欧盟与非洲国家的关系 …………………………… （132）

三　中欧在非洲事务中加强合作的重点领域及方式
　　方法 ……………………………………………（136）
四　小结 ………………………………………………（143）

后　记 …………………………………………………（145）

致　谢 …………………………………………………（147）

前　言

当今世界正经历着深刻而复杂的变化。在这一过程中，形式多样的全球问题层出不穷，对人类社会的生存和发展产生了巨大的不良影响。

在全球化深入发展、各国相互依存度不断提高的条件下，全球问题呈现出多元化和复杂化的特点。因此，世界各国应团结一致，共同努力，积极谋求应对之道。这样的应对就是全球治理。

中国是世界上最大的发展中国家。中国发展取得了历史性进步，经济总量已经跃升到世界第二位。随着经济实力的壮大，中国的国际地位不断上升。中国有能力，也应该在全球治理中发挥更大的作用。

诚然，欧盟的国际地位曾被大大低估。例如，荷兰学者罗伊莎·比亚拉斯维奇（Luiza Bialasiewicz）认为，虽然欧盟（欧洲，EU'rope）被说成是一支"软力量"、"民事力量"、"规范性力量"、"变革的力量"或"发号施令的力量"，但其作为国际行为者的作用依然是"不确定的"或是"模棱两可"的。法国社会学家和哲学家皮埃尔·布迪厄（Pierre Bourdieu）甚至认为，"欧洲非言其所为，非为其所言；欧洲言其所未为，为其所未言"①。但是，毋庸置疑，欧盟在国际舞台上的地位是有口皆碑

---

① Luiza Bialasiewicz (ed.), *Europe in the World：EU Geopolitics and the Making of European Space*, Routledge, 2011, p. 1.

的。无论在国际政治领域还是在世界经济领域，欧盟都是一支极为重要的力量。

中欧是正在形成中的多极世界的重要力量，肩负着推动全球治理、维护世界和平、促进共同繁荣与可持续发展的责任。因此，中欧有必要在全球治理的多个领域开展切实可行的合作。

中欧双方的全球治理观不尽相同，但共性多于差异。这为双方在推动全球治理的过程中加强合作创造了有利的政治条件。此外，中欧是正在形成中的多极世界的重要力量，肩负着推动全球治理、维护世界和平、促进共同繁荣与可持续发展的责任。因此，中欧应在全球治理的多个领域开展切实可行的合作，以集体行动应对各种全球问题。

加强中欧在全球治理领域的合作，既有利于解决困扰人类社会的各种全球问题，也有利于丰富中欧全面战略伙伴关系的内涵。为使中欧在全球治理中的合作取得更大的成效，双方必须坚持以下原则：相互尊重主权、最大限度地吸纳一切可以吸纳的力量、服从联合国的主导作用及《联合国宪章》、继续稳步推进双边关系。

2015 年 10 月 12 日，中共中央政治局就全球治理格局和全球治理体制进行第二十七次集体学习。中共中央总书记习近平在主持学习时发表了重要讲话。这意味着，全球治理已成为中国最高决策层关心的议题，也将成为中国"大外交"战略的主要内容之一。

2013 年 11 月发表的《中欧合作 2020 战略规划》要求双方加强多边场合合作，致力于建立基于规则的，更加有效、透明、公正、合理的国际治理体系，强调多边主义和联合国在国际事务中的核心作用，重视二十国集团等多边组织和平台的作用，加强在全球经济治理问题上的协调。[①] 2014 年 4 月发表的第二个"中国

---

① 《中欧合作 2020 战略规划》，新华网，2013 年 11 月 23 日。http：// news. xinhuanet. com/3gnews/2013 – 11/23/c_ 125751496_ 2. htm。

对欧盟政策文件"指出,"双方合作应对国际金融危机,推进全球治理改革,就重大国际和地区问题加强沟通协调,为促进世界和平、发展、合作作出重要贡献"。该文件还认为,"中国政府重视欧盟的地位与作用,致力于同欧盟及其成员国一道,在中国全面深化改革和欧洲经济复苏的进程中,全面落实《中欧合作2020战略规划》,打造'和平、增长、改革、文明'四大伙伴关系,进一步提升中欧关系的全球影响力。……中国愿与欧盟一道,将中国全面深化改革的进程与欧盟自我变革和调整之路更紧密结合起来,借鉴彼此改革经验,分享彼此改革红利,共同提高改革与治理水平,并积极参与全球治理规则的制定与改革"。[①]

全球治理是一个宽泛的概念。因此,中欧在全球治理领域中的合作,应该落实到具体的领域。就当前全球问题的严重性及中国面临的"战略机遇期"而言,中欧在全球治理中的合作应该主要包括:在二十国集团(G20)内的合作、在全球贸易治理中的合作、在全球金融治理中的合作、在全球气候治理中的合作、在全球互联网治理体系中的合作、在反恐领域的合作以及在非洲事务中的合作。

(一)中欧在G20内的合作

G20在应对国际金融危机、协调各国宏观经济政策以及制定或修改国际规则等领域发挥了重要作用。中欧都积极参与G20事务,致力于建立基于规则的,更加有效、透明、公正、合理的国际治理体系,强调多边主义和联合国在国际事务中的核心作用。

中国于2016年担任G20的轮值主席国。欧盟在G20中拥有5

---

① 《深化互利共赢的中欧全面战略伙伴关系:中国对欧盟政策文件》,新华网,2014年4月2日。http://news.xinhuanet.com/world/2014-04/02/c_1110054550.htm。

个席位。因此，中欧在 G20 中加强合作的必要性是显而易见的。

中欧在 G20 中的内容及合作可包括：共同帮助发展中国家；对 G20 轮值主席国施加更大的影响；在改革国际金融体系的过程中加强合作；合力推动 G20 的功能转型；在担任轮值主席国时相互帮助；在 G20 是否应该实现机制化这一重大问题上协调立场。

（二）中欧在全球贸易治理中的合作

当前的国际贸易体系存在着以下弊端：多哈回合谈判举步维艰；贸易保护主义此起彼伏；一些规则缺乏公正性，而且未能最大限度地维护广大发展中国家的利益；WTO 的决策机制效率低下；跨太平洋伙伴关系协定和跨大西洋贸易和投资伙伴关系协定等自由贸易制度安排具有强烈的排他性。

在推动全球贸易治理的过程中，中欧双方可把以下几个问题作为合作的重点：在推进多哈回合谈判进程时积极协调各方立场；加快中欧双边投资协定谈判进程；敦促欧盟早日承认中国的市场经济地位；尽早启动中欧自由贸易协定谈判；积极利用"绿屋会议"这一非正式决策机制；加强双方在"一带一路"倡议中的合作。

（三）中欧在全球金融治理中的合作

国际金融体系存在着多种多样的弊端，如全球范围内储备货币的需求与供应难以实现平衡；美元的汇率常受美国国内宏观经济政策的影响；发展中国家（尤其是新兴经济体）在国际金融机构中的代表性和发言权不足；国际上的具有系统重要性的金融机构得不到有效的监管；金融危机发生后，国际金融市场难以实现自我恢复稳定，致使金融风险在短时间内急剧累积；全球范围内的资本流动缺乏稳定性。

中欧都是上述弊端的受害者，也是国际金融体系改革的倡导者和支持者。作为世界经济中的两大经济体，中欧有必要在改革国际金融体系的过程中通过以下方式加强合作：加快人民币在欧洲的国际化进程；继续坚定支持欧元的稳定；加强双方在亚洲基础设施投资银行中的合作；在确立金融监管的国际标准时加强磋商和沟通，在相互尊重国家主权的条件下加大金融信息共享的力度，在改进金融监管领域的技术手段时相互学习；进一步推动国际货币金融体系的改革。

（四）中欧在全球气候治理中的合作

中国一贯重视气候变化，把积极应对这一挑战作为关系经济社会发展全局的重大议题，并将其纳入经济社会发展中长期规划。

欧盟在促成《京都议定书》生效的过程中发挥了重要作用，在建立碳市场和构建低碳经济等方面取得了显著成效。毫无疑问，欧盟是气候变化领域的"先行者"，并在这一领域占据着不容低估的"道德制高点"。

《中欧气候变化联合声明》确定了双方在气候变化领域开展合作的 13 个方面，其中有些是近期需要落实的，有些是长期努力的目标。因此，为了尽快取得合作的成效，应该明确合作的重点，不必"多管齐下"。根据 2005 年中欧在气候变化领域开展合作的经验及双方的利益和关注点，在最近的 5—10 年的时间内，可继续将清洁能源开发、碳捕集和封存以及碳排放交易作为合作的重点，以尽快扩大合作的成果，为国际社会树立榜样。

此外，中欧双方还应该加强双方在资金和技术等方面的互通有无，进一步发挥中欧城镇化伙伴关系的作用，努力避免新能源产品贸易领域中的争端和摩擦，积极探讨中美欧三方发表气候变化联合声明。

（五）中欧在全球互联网治理体系中的合作

互联网在中欧经济和社会发展进程中的地位不容低估。由于形式多样的网络犯罪具有跨国界的特点，因此，中欧有必要在网络安全领域加强合作。这一合作有利于发挥双方在全球治理中的积极作用，有利于推动 2003 年建立的中欧全面战略伙伴关系，也有利于发挥互联网在各自经济和社会发展进程中的巨大作用。

全球互联网治理体系的核心是网络安全。因此，中欧在这一治理体系中的合作，在很大程度上就是在网络安全领域的合作。

中欧在网络安全领域加强合作的方式方法多种多样，其中最重要的是以下几个方面：强化政治互信；进一步发挥中欧网络工作小组的作用；完善网络安全领域的信息交流机制；举办网络安全联合演习；加强技术交流；推动中国军方与欧盟成员国军方在网络安全领域的合作；在制定国际规则的过程中加强磋商和协调。

（六）中欧在反恐领域的合作

反恐斗争已成为全球治理的重要组成部分。中欧双方都是恐怖主义的受害者，因此有必要在反恐斗争中加强合作。

欧盟的反恐战略注重预防、保护、追踪和反应。中国尚未公开发表成文的反恐战略，但中国领导人的讲话以及中国在反恐领域采取的种种措施都表明，中国的反恐战略实际上与欧盟的反恐战略很相似。

中欧在反恐领域的合作可包括以下七个方面：尽快消除中欧双方在反恐领域中的认知差距；在欧盟层面上和国别层面上"双管齐下"；加强边境管控和信息交流；在武器贸易领域相互支持；加大在核安全领域的反恐合作；积极探讨两军在反恐领域加强合作的可能性；进一步发挥中欧警务培训项目的作用。

（七）中欧在非洲事务中的合作

拥有十多亿人口的非洲是人类命运共同体的组成部分。非洲的发展水平较低，面临着多种多样的挑战。帮助非洲加快发展，符合全世界人民的共同利益，是国际社会的共同责任，而且有利于实现"2015 年后发展议程"，有利于推动全球治理。

中欧在非洲事务中加强合作的重点领域可包括以下几个方面：邀请非洲直接参与中欧非洲事务磋商；努力使欧盟参与"三网一化"（高速铁路网、高速公路网、区域航空网及工业化）建设；加强在非洲农业领域的合作；开展中欧非三方国际产能合作；继续支持联合国在非洲地区加大维和行动和反恐斗争的力度；积极探讨建立中欧非洲事务合作基金；共同实施"促贸援助"。此外，中欧在非洲事务中的合作还应该考虑如何应对"美国因素"的影响。

第一章　中国与欧盟的全球治理观

中欧双方的全球治理观不尽相同，但共性多于差异。这为双方在推动全球治理的过程中加强合作创造了有利的政治条件。

加强中欧在全球治理领域的合作，既有利于解决困扰人类社会的各种全球问题，也有利于丰富中欧全面战略伙伴关系的内涵。为使中欧在全球治理中的合作取得更大的成效，必须坚持以下原则：相互尊重主权、最大限度地吸纳一切可以吸纳的力量、服从于联合国的主导作用及《联合国宪章》、继续稳步推进双边关系。

一　中国的全球治理观

2009 年 7 月 9 日，八国集团同发展中国家对话会议在意大利拉奎拉举行，代表国家主席胡锦涛出席八国集团同发展中国家领导人对话会议的中国国务委员戴秉国出席会议并就全球经济治理发表了中国的立场：

（一）关于治理目标。全球经济治理的根本目标是推动经济全球化朝着均衡、普惠、共赢方向发展。均衡，就是要兼顾发达国家和发展中国家需求，平衡发达国家和发展中国家关切。普惠，就是要把各种实实在在的利益和好处带给所有国家，惠及各国人民。共赢，就是要把本国利益同他国利益结合起来，把本国发展同各国共同发展联系起来。

（二）关于治理主体。全球经济治理应该由世界各国共同参与。国家无论大小、强弱、贫富，都是全球经济的组成部分，应该以平等身份参与治理过程，并享有相应的代表性、发言权、决策权。平等参与不仅是形式上的，更应是实质内容上和决策过程中的。只有这样，才能体现全球经济治理的合理和公正，保证全球经济治理的信誉和成效。

（三）关于治理方式。全球经济治理需要各国通过协商合作共同解决经济全球化面临的各种难题。要坚持民主原则，充分听取各方意见，照顾和体现各国特别是发展中国家的利益和诉求。要坚持尊重差异，考虑各国不同国情，允许发达国家和发展中国家有不同做法。要坚持倡导合作，鼓励各国加强沟通和协调，发挥各自优势，共同解决面对的难题。

（四）关于治理机制。全球经济治理需要合适的机制安排。世界经济发展使现有一些机制难以充分反映国际社会诉求、有效应对全球性挑战，需要扩大代表性。要在不同层面和不同领域针对不同问题开展治理。各种治理机制可以在所有利益攸关方平等协商并达成共识的基础上，制定有关国际标准和规范，推广相关经验和有效做法，促进各国交流合作，共同搭建有效的全球经济治理架构。①

应该注意到，当时戴秉国使用的是"全球经济治理"而非"全球治理"。此后，中国国家主席胡锦涛在此后的多个场合提到全球经济治理，但有时也使用"全球治理"这一提法。如在2011年6月17日的第十五届圣彼得堡国际经济论坛上，胡锦涛主席说："目前，新兴市场国家和发展中国家在世界经济中的分量不断增加，在全球治理中的作用日益显现。新的全球经济治理机制应该反映世界经济格局变化，遵循相互尊重、集体决策的原

---

① 《戴秉国出席八国集团同发展中国家领导人对话会议》，中央政府门户网站，2009年7月9日。http://www.gov.cn/ldhd/2009 – 07/09/content_ 1361635. htm。

则，特别是应该增加新兴市场国家和发展中国家在机制中的代表性和发言权。我们应该支持和推动二十国集团在全球经济治理中发挥更大作用，推动世界经济全面复苏和增长。以金砖国家为代表的新兴市场国家合作机制为全球经济合作开创了新模式，是多边主义的重要实践。我们应该积极完善全球经济治理，推动建设公平、公正、包容、有序的国际货币金融体系，推动建立均衡、普惠、共赢的多边贸易体制，反对各种形式的保护主义，促进国际经济秩序朝着更加公正合理的方向发展。"①在同年11月12日的亚太经合组织工商领导人峰会上，胡锦涛主席说："完善全球经济治理机制，建立更加平等、更加均衡的新型全球发展伙伴关系。新兴市场国家和发展中国家在世界经济中的分量不断增加，在全球经济治理中的作用日益显现。新的全球经济治理机制应该反映世界经济格局变化，遵循相互尊重、集体决策原则，增加新兴市场国家和发展中国家的代表性和发言权。"②

胡锦涛在中国共产党第十八次全国代表大会上的报告总结了过去五年的工作。他将外交工作取得的新成就归纳为："坚定维护国家利益和我国公民、法人在海外合法权益，加强同世界各国交流合作，推动全球治理机制变革，积极促进世界和平与发展，在国际事务中的代表性和话语权进一步增强，为改革发展争取了有利国际环境。"③ 他还表示，"中国坚持权利和义务相平衡，积

---

① 《胡锦涛在第十五届圣彼得堡国际经济论坛开幕式上的演讲》，新华网，2011 年 6 月 17 日。http：//news. xinhuanet. com/world/2011 - 06/17/c_ 121550810_ 2. htm。

② 胡锦涛：《在亚太经合组织工商领导人峰会上的演讲》，中央政府门户网站，2011 年 11 月 13 日。http：//www. gov. cn/ldhd/2011 - 11/13/content_ 1991661. htm。

③ 胡锦涛：《坚定不移沿着中国特色社会主义道路前进　为全面建设小康社会而奋斗——在中国共产党第十八次全国代表大会上的报告》，2012 年 11 月 17 日。http：//news. xinhuanet. com/18cpcnc/2012 - 11/17/c _ 113711 665_ 2. htm。

极参与全球经济治理,推动贸易和投资自由化便利化,反对各种形式的保护主义"①。

2015年10月12日,中共中央政治局就全球治理格局和全球治理体制进行第二十七次集体学习。中共中央总书记习近平在主持学习时发表了重要讲话。中国的全球治理观可归纳为以下几点:②

(一)中国参与全球治理的目的是为自身发展和世界和平创造有利条件。中国参与全球治理的根本目的,就是服从服务于实现"两个一百年"奋斗目标、实现中华民族伟大复兴的中国梦。要审时度势,努力抓住机遇,妥善应对挑战,统筹国内国际两个大局,推动全球治理体制向着更加公正合理方向发展,为中国发展和世界和平创造更加有利的条件。

中国提出"一带一路"倡议、建立以合作共赢为核心的新型国际关系、坚持正确义利观、构建人类命运共同体等理念和举措,顺应时代潮流,符合各国利益,增加了中国同各国利益汇合点。

要坚持从中国国情出发,坚持发展中国家定位,把维护中国利益同维护广大发展中国家共同利益结合起来,坚持权利和义务相平衡,不仅要看到中国发展对世界的要求,也要看到国际社会对中国的期待。

(二)全球治理应该以各国通力合作为基础。国际社会普遍认为,全球治理体制变革正处在历史转折点上。国际力量对比发

---

① 胡锦涛:《坚定不移沿着中国特色社会主义道路前进　为全面建设小康社会而奋斗——在中国共产党第十八次全国代表大会上的报告》,2012年11月17日。http://news.xinhuanet.com/18cpcnc/2012 – 11/17/c_113711665_ 12. htm。

② 《习近平:推动全球治理体制更加公正更加合理》,新华网,2015年10月13日。http://news. xinhuanet. com/politics/2015 – 10/13/c _1116812159. htm。

生深刻变化，新兴市场国家和一大批发展中国家快速发展，国际影响力不断增强，是近代以来国际力量对比中最具革命性的变化。数百年来列强通过战争、殖民、划分势力范围等方式争夺利益和霸权逐步向各国以制度规则协调关系和利益的方式演进。现在，世界上的事情越来越需要各国共同商量着办，建立国际机制、遵守国际规则、追求国际正义成为多数国家的共识。经济全球化深入发展，把世界各国利益和命运更加紧密地联系在一起，形成了你中有我、我中有你的利益共同体。很多问题不再局限于一国内部，很多挑战也不再是一国之力所能应对，全球性挑战需要各国通力合作来应对。

（三）全球治理体制变革是当务之急。随着全球性挑战增多，加强全球治理、推进全球治理体制变革已是大势所趋。这不仅事关应对各种全球性挑战，而且事关给国际秩序和国际体系定规则、定方向；不仅事关对发展制高点的争夺，而且事关各国在国际秩序和国际体系长远制度性安排中的地位和作用。

（四）要发挥联合国在全球治理中的重要作用。当今世界发生的各种对抗和不公，不是因为联合国宪章宗旨和原则过时了，而恰恰是由于这些宗旨和原则未能得到有效履行。要坚定维护以联合国宪章宗旨和原则为核心的国际秩序和国际体系，维护和巩固第二次世界大战胜利成果，积极维护开放型世界经济体制，旗帜鲜明地反对贸易和投资保护主义。

要推动变革全球治理体制中不公正不合理的安排，推动国际货币基金组织（IMF）、世界银行等国际经济金融组织切实反映国际格局的变化，特别是要增加新兴市场国家和发展中国家的代表性和发言权，推动各国在国际经济合作中权利平等、机会平等、规则平等，推进全球治理规则民主化、法治化，努力使全球治理体制更加平衡地反映大多数国家意愿和利益。要推动建设国际经济金融领域、新兴领域、周边区域合作等方面的新机制新规则，推动建设和完善区域合作机制，加强周边区域合作，加强国际社会应对资源能源安全、粮食安全、网络信息安全、应对气候变化、打击恐怖主义、防范重大传染性疾病等全球性挑战的能力。

（五）全球治理体制的变革需要理念的引领。全球治理规则体现更加公正合理的要求离不开对人类各种优秀文明成果的吸收。要推动全球治理理念创新发展，积极发掘中华文化中积极的处世之道和治理理念同当今时代的共鸣点，继续丰富打造人类命运共同体等主张，弘扬共商共建共享的全球治理理念。要加强能力建设和战略投入，加强对全球治理的理论研究，高度重视全球治理方面的人才培养。

二　欧盟的全球治理观

2010 年 6 月 18 日，欧盟委员会主席巴罗佐（2004—2014）在出席意大利欧洲大学研究所举办的一个关于全球治理的研讨会时发表了题为"欧盟与多边全球治理"的重要讲话。毫无疑问，作为欧盟委员会的领导人，巴罗佐的观点具有浓重的官方色彩。

巴罗佐的主要观点是：

（一）全球治理须以多边互惠为基础。欧洲政治和外交的核心是互惠。尤其在处理与其他国家的关系时，欧盟更是强调"多边互惠"（multilateral reciprocity）和双赢。

第二次世界大战后欧洲的重建和一体化进程也充分表明，世界上不同的国家可以同时取得发展，因此，全球治理不应该是"零和游戏"，而是一种以双赢为基础的互惠。

（二）主张用理想主义思维看待全球治理。欧洲一体化的历史进程表明，现实主义者是错的，理想主义者是正确的，舒曼是正确的，莫内是正确的。苏联的一些加盟共和国如今成为"光荣"的欧盟成员国这一事实，同样意味着理想主义者是正确的。在推动全球治理的过程中，也应该采用理想主义思维。

（三）主张发挥"新兴力量"的作用。欧盟不能在帮助发展中国家取得发展后继而抱怨他们的发展。在一定程度上，许多"新兴力量"的出现与其采纳欧洲的和西方的价值观、技术和技能有关。

欧盟对"新兴力量"的告诫是：不要重犯欧洲人的错误。欧洲人深知新兴力量的"兴奋"（excitement）可能会演化为"傲慢"（hubris）。

全球治理的合法性在于能否使"新兴力量"承担"国际领导权"（international leadership）。欧盟不断扩大的过程就是新老成员分享政治领导权的过程。

（四）欧盟有能力在全球治理中发挥重要作用。欧盟在推动全球治理的过程中之所以能发挥重要作用，是因为它在左右世界政治发展轨迹的过程中拥有以下战略优势：（1）虽然欧盟成员国在外交政策和安全等领域也有分歧，但它们依然拥有共同的利益和诉求，坚信集体行动优于单边行动，因而能严格遵守《欧洲联盟条约》第21条第2款第8项的规定："推动基于更强有力的多边合作及全球良治的国际体系。"（2）欧盟是世界上最富庶的地域之一。欧盟的经济实力、出口能力以及对外投资和对外援助的规模，都使欧盟在世界上处于举足轻重的地位。（3）欧盟在政治、经济、文化、社会和历史等领域的多样性使其更容易理解世界上其他地区的复杂性和矛盾。这一多样性使欧盟拥有独特的战略优势，也使其外交更为丰富多彩。（4）在推动自由贸易、反对保护主义和经济民族主义、实现联合国"千年发展目标"、应对气候变化等领域，欧盟始终发挥着核心作用。（5）欧盟既是规则的"创造者"（rule generator），也是规则的"促进者"（rule promoter）。通过推动全球范围内的法治，欧盟也对全球治理作出了贡献。

（五）全球治理应以多边主义为基础。在一个多极世界中，多边主义是构建世界秩序和推动全球治理的正确机制。多极（multipolarity）与多边主义（multilateralism）是各不相同的。多极是指力量的分配,多边主义是指利用力量和组织力量的方式。

在欧洲当代政治思想史中,权力的分配始终被视为限制霸权或帝国的力量的机制,是实现政治自由、国际正义和国家间合作的条件。但是,多极化也有风险。欧洲的历史表明,为避免霸权力量或帝国力量的出现而追求的多极化均势,常常使大国之间的战略性对峙最终演变为战争。①

欧盟学术界对全球治理的研究起步较早。由于研究方法不同,关注的问题也有差异,因此,各种观点应有尽有,莫衷一是。

欧洲大学学院下属的罗伯特·舒曼高级研究中心"全球治理课题组"在 2011 年发表了题为"欧盟的全球治理议程"的研究报告。该报告的下述观点较为引人注目:

(一)全球治理是一个含义宽泛(permissive)的概念。迄今为止,国际上尚无关于全球治理的公认的、明确的定义,因此学者和决策者任何人在任何场合都会使用这一概念。其结果是,全球治理既指"秩序的模式"(pattern of order),也指管理世界的一种"规范"(normative);既是为了终结无政府状态,也是为了应对各种各样的全球问题和维护国际安全。而且,参与全球治理的,既有国家行为体,也有非国家行为体。②

---

① 巴罗佐在这一讲话中还援引了意大利历史学家弗朗切斯科·圭恰迪尼在 16 世纪初撰写的《意大利史》。圭恰迪尼在该书中写道,佛罗伦萨的统治者洛伦佐·德·美第奇认为,佛罗伦萨的安全取决于意大利国内各派力量之间的均势。巴罗佐还说,18 世纪欧洲出版的一本外交官读本将"多极"界定为"力量在欧洲的不同君主之间公平地分配"。1713 年达成的《乌得勒支条约》(Treaties of Utrecht)通过外交方式实现了"公正的平衡"。维也纳会议(1814—1815)核心人物梅特涅(Metternich)认为,欧洲国家构成了一种能够体现团结和均势原则的社会团体。

② "An EU Agenda for Global Governance", RSCAS Policy Paper 2011/01, Global Governance Program, Robert Schuman Center for Advanced Studies, European University Institute, 2011, p. 9.

（二）全球治理的必要性与日俱增。全球化的发展使各种全球问题日益恶化。全球治理的必要性与以下三个因素有关：（1）全球化导致国与国之间的相互依赖性不断上升，同时加大了一国政策对他国的影响；（2）不断出现的跨国界的力量难以受到国家的管制；（3）没有一个国家有能力为国际社会提供足够的公共产品。①

（三）全球治理的机制尚未形成。迄今为止，参与全球治理的既有联合国、世界贸易组织（WTO）和其他一些正规的机构或组织，也有一些非正规的组织形式，如八国集团（G8）和二十国集团（G20）。G20甚至可以对国际货币基金组织（IMF）发号施令。由此可见，机制的多元化可能会使全球治理陷入"碎片化"的结局。②

（四）不容低估欧盟的作用。欧盟的全球治理议程面临的局限性不是它缺乏财富和力量，不是它在国际上不活跃，也不是它未能提出吸引人的政策主张，而是无人重视其作用。美国人、亚洲人，甚至欧洲人自己，常常低估欧盟在国际上的力量及其活动。然而，事实上，就力量及行动而言，欧盟是世界上的"第二超级大国"。在未来的几十年，欧盟将保留这一重要地位，欧盟在全球治理中的作用不容低估。③

（五）应为全球治理的成效确定衡量标准。全球治理成功与否取决于以下5个衡量标准：（1）包容性。联合国拥有近200个会员，在世界上具有不容低估的包容性。G20比G7具有更强的包容性，但依然无法与联合国相比。（2）代表性。包容性并非等同于代表性。联合国拥有广泛的包容性，但联合国安理会却由五

---

① "An EU Agenda for Global Governance", RSCAS Policy Paper 2011/01, Global Governance Program, Robert Schuman Center for Advanced Studies, European University Institute, 2011, p. 1.

② Ibid. , p. 1.

③ Ibid. , p. 43.

个常任理事国主宰。（3）适应性。世界在经常不断地变化，因此全球治理的机制和方式方法应该适应这样的变化。（4）效率。任何一种与全球治理有关的制度安排必须能以最低的成本提供最大限度的公共产品。否则，这样的制度安排就无法确保其合法性。（5）公正性。任何一种全球治理的制度安排都必须以公正的方法分配公共产品。①

三　中欧在全球治理中加强合作时应遵循的原则

中欧双方在全球治理领域的合作与中欧关系的发展是相辅相成、相得益彰的。加强中欧在全球治理领域的合作，既有利于解决困扰人类社会的各种全球问题，也有利于丰富中欧全面战略伙伴关系的内涵。换言之，只有在中欧关系稳步推进的条件下，双方才能在全球治理领域中加强合作。

"智者求同，愚者求异。"中欧的全球治理观不尽相同，各自的诉求也有差异。而且，一方的诉求可能会影响另一方的利益。这就要求双方通过沟通加深理解，通过对话增强信任，通过交流推动合作，相互尊重、平等相待、求同存异、以合作共赢的心态寻求利益的最大公约数。

为使中欧在全球治理中的合作取得更大的成效，必须坚持以下原则：

（一）相互尊重主权。曾担任过挪威首相（1996—1997）、外交大臣、议会议长和工党主席等高级职务的挪威诺贝尔委员会前主席托尔比约恩·亚格兰（Thorbjørn Jagland）在《纽约时报》（2010年10月22日）发表的一篇文章中说："由于世界从民族主义发展

---

① "An EU Agenda for Global Governance", RSCAS Policy Paper 2011/01, Global Governance Program, Robert Schuman Center for Advanced Studies, European University Institute, 2011, p. 11.

到了国际主义，主权观念在上个世纪再次发生了变化……《世界人权宣言》指出，民族国家不再拥有最高的、不受限制的权力"，"国际人权法和国际人权标准是凌驾于民族国家之上的，世界共同体有责任确保国际人权法和国际人权标准得到尊重"。①

亚格兰的言论涉及主权与人权的关系。诚然，在全球化时代，主权的内涵和外延发生了一些变化。但是，主权国家是国际政治的基本单位和国际政治的主要行为体这一基本特点并未发生根本性的变化。得到国际社会普遍认可的和平共处五项原则的重要内容之一就是相互尊重主权。因此，人权高于主权的主张是难以成立的。

中欧双方的政治制度不同，对主权和人权的理解也不尽相同。但在协力推动全球治理的过程中，必须以和平共处五项原则为指针，相互尊重主权。毫无疑问，在人权发展模式上没有优劣之分，在人权问题上"没有最好，只有更好"。中国在改善人权的进程中充满自信，因为中国实施的是符合中国国情的人权发展模式。

（二）最大限度地吸纳一切可以吸纳的力量。中欧在国际舞台上的地位十分显赫，在许多全球性问题上是拥有很大的发言权。但是，中欧在全球治理领域中的合作不能无视其他力量的存在。例如，虽然美国的相对实力有所下降，但它依然是当今世界格局中唯一的超级大国。甚至 G7 中其他成员在全球治理中的重要性也不容低估。又如，虽然广大发展中国家的发展水平较低，但其人口在世界总人口中的比重很大，在联合国体系中拥有的投票权举足轻重。由此可见，中欧在全球治理中的合作不应该采用一种封闭的、排他性的方式，而是要最大限度地吸纳一切可以吸纳的力量。只有齐心协力，才能事半功倍。

（三）服从于联合国的主导作用及《联合国宪章》。联合国是

---

① Thorbjørn Jagland, "Why We Gave Liu Xiaobo a Nobel", *New York Times*, October 22, 2010. http：//www. nytimes. com/2010/10/23/opinion/23 Jagland. html？_ r = 0.

建立在国际法和民主基础之上的"国际大家庭",是一个具有普遍性、代表性、权威性的国际组织。联合国的宗旨是"维持国际和平及安全","发展国际间以尊重人民平等权利及自决原则为根据之友好关系","促成国际合作,以解决国际间属于经济、社会、文化及人类福利性质之国际问题,且不分种族、性别、语言或宗教,增进并激励对于全体人类之人权及基本自由之尊重"。①因此,无论在全球治理还是其他领域,联合国的主导作用及《联合国宪章》确定的国际关系准则是至关重要的。中欧在全球治理领域的合作同样应该服从于联合国的主导作用及《联合国宪章》。

四 小结

在 2009 年的八国集团同发展中国家对话会议上,中国国务委员戴秉国就全球经济治理表明了中国的全球治理观:全球经济治理的根本目标是推动经济全球化朝着均衡、普惠、共赢的方向发展;全球经济治理应该由世界各国共同参与,通过协商合作共同解决经济全球化面临的各种难题;而且,全球经济治理需要合适的机制安排。

2015 年 10 月 12 日,习近平总书记在中共中央政治局的第二十七次集体学习中进一步阐述了中国的全球治理观:中国参与全球治理的目的是为自身发展和世界和平创造有利条件,中国主张全球治理应该以各国通力合作为基础,全球治理体制变革是当务之急,有必要发挥联合国在全球治理中的重要作用,而且,全球治理体制的变革需要理念的引领。

欧盟的全球治理观较难归纳,但欧盟委员会前主席巴罗佐的讲话及欧洲智库的研究成果表明,欧盟主张以多边互惠和多边主义为

---

① 《联合国宪章》第一章。http://www.un.org/zh/sections/un-charter/chapter-i/index.html。

基础，主张用理想主义思维看待全球治理，希望"新兴力量"发挥更大的作用，并强调欧盟应该，而且有能力在全球治理中发挥更大的作用。

为使中欧在全球治理中的合作取得更大的成效，除继续推动中欧关系的发展以外，还应该坚持以下原则：相互尊重主权、最大限度地吸纳一切可以吸纳的力量、服从于联合国的主导作用及《联合国宪章》以及继续稳步推进中欧关系的发展。

第二章　中欧在二十国集团内的合作

成立于 1999 年的二十国集团（G20）已成为推动全球治理的主要动力之一。尤其在全球经济治理等领域，它取得的成就是显而易见的。①　确实，正如《二十国集团峰会五周年声明》所言，"世界经济因我们的行动而更有韧性"②。

中国和欧盟都积极参与 G20 事务。2012 年 11 月中国与欧盟共同制定的《中欧合作 2020 战略规划》提出，"中欧将致力于建立基于规则的，更加有效、透明、公正、合理的国际治理

---

① 《二十国集团峰会五周年声明》全面地总结了 G20 的以下成就："在华盛顿、伦敦和匹兹堡峰会上，我们采取果断措施刺激世界经济，恢复经济增长，重塑金融机构资本结构，发起雄心勃勃的金融行业改革计划，保持市场开放并打击避税天堂。我们建立金融稳定理事会，将 IMF 资源增加 2 倍，并成立强劲、可持续、平衡增长框架。我们的协调行动帮助消除了严重的市场紧张情绪，避免了全球衰退。在多伦多、首尔、戛纳和洛斯卡沃斯峰会上，二十国集团在诸多领域展示了领导能力，包括恢复财政可持续性、金融和税收改革、反腐败、发展、能源、农业、包容性绿色增长等。我们开始同二十国集团之外的发展中国家携手合作，以缩小发展差距并消除贫困。在圣彼得堡峰会上，我们强调在确保财政可持续的前提下，恢复强劲和包容性的增长和就业，促进包括基础设施投资在内的投资融资，在金融改革方面取得进一步进展，在贸易、发展、打击逃税、改变允许国际避税、税基侵蚀和利益转移的规则方面作出坚定承诺。"《二十国集团峰会五周年声明》，外交部网站，2013 年 9 月 11 日。http：// www. fmprc. gov. cn/web/zyxw/t1075599. shtml。

② 同上。

体系，强调多边主义和联合国在国际事务中的核心作用，重视二十国集团等多边组织和平台的作用。欧盟期望中国主办随后的二十国集团峰会。……加强在多边层面，特别是二十国集团和世界贸易组织，在全球经济治理问题上的协调"①。由此可见，中欧在 G20 内的合作已经并将继续成为未来中欧关系的重要组成部分。

一 中国和欧盟对 G20 的立场

中国和欧盟对 G20 的立场和态度都是积极和肯定的，对其工作都是大力支持的。这样的立场和态度既是 G20 成功的原因之一，也是这一平台的魅力所在；既体现了中欧参与全球治理的愿望和热情，也构成了双方在这一多边机制中开展合作的政治条件。

（一）中国对 G20 的立场

中国重视和支持 G20 在推动全球经济治理的过程中发挥重要作用，并积极参与 G20 事务。自 2008 年以来，中国领导人出席了历届 G20 峰会，而且在每一届峰会上都给予高度评价。如在伦敦峰会上，中国国家主席胡锦涛说，具有广泛代表性的 G20 是国际社会共同应对国际经济金融危机的重要有效平台。② 在匹兹堡峰会上，胡锦涛主席指出，我们应该充分利用 G20 这一平台，继续加强宏观经济政策协调，保持政策导向总体一致性、时效性、

---

① 《第十六次中欧领导人会晤发表〈中欧合作 2020 战略规划〉》，新华网，2013 年 11 月 24 日。http://news.xinhuanet.com/fortune/2013 - 11/24/c_125752294.htm。

② 《胡锦涛在二十国集团领导人第二次金融峰会上的讲话》，人民网，2009 年 4 月 3 日。http://politics.people.com.cn/GB/1024/9073737.html。

前瞻性。① 在多伦多峰会上，他说，在 G20 成员和国际社会共同努力下，世界经济正在逐步复苏，但是世界经济形势仍然十分复杂，需要 G20 发挥引领作用，着眼长远，推动 G20 从协同刺激转向协调增长、从短期应急转向长效治理、从被动应对转向主动谋划。② 在戛纳峰会上，他表示，作为国际经济合作的主要论坛，G20 应该继续发扬同舟共济、合作共赢的精神，在这个关键时刻抓住主要矛盾，共同提振市场信心，积极化解风险挑战，努力促进世界经济增长和金融稳定。③ 在圣彼得堡峰会上，习近平主席说，G20 是发达国家和发展中国家就国际经济事务进行充分协商的重要平台，我们要把二十国集团建设成稳定世界经济、构建国际金融安全网、改善全球经济治理的重要力量。④

对中国政治、经济和外交产生重大影响的中国共产党十八大报告也指出，"我们将积极参与多边事务，支持联合国、二十国集团、上海合作组织、金砖国家等发挥积极作用，推动国际秩序和国际体系朝着公正合理的方向发展"。这在一定程度上说明，G20 在中国外交中的地位是不容低估的。

应该指出的是，G20 峰会的轮值主席国也很重视中国的作用。如在 2008 年 10 月 21 日晚，胡锦涛主席应约同美国总统布什

---

① 《胡锦涛在二十国集团领导人第三次金融峰会上的讲话》，新华网，2009 年 9 月 26 日。http：//news. xinhuanet. com/politics/2009 – 09/26/content_ 12112502. htm。

② 《胡锦涛在二十国集团领导人第四次峰会上的讲话》，新华网，2010 年 6 月 27 日。http：//news. xinhuanet. com/world/2010 – 06/27/c_ 12269632. htm。

③ 《胡锦涛在二十国集团领导人第六次峰会上的讲话》，新华网，2011 年 11 月 4 日。http：//news. xinhuanet. com/politics/2011 – 11/04/c_ 122235131. htm。

④ 《习近平在 G20 峰会第一阶段会议上的发言》，中央政府门户网站，2013 年 9 月 6 日。http：//www. gov. cn/ldhd/2013 – 09/06/content_ 2482284. htm。

通电话，就即将召开的 G20 华盛顿峰会交换意见。① 在法国担任轮值主席国期间，法国于 2011 年 3 月 31 日在中国南京市主办了国际货币体系改革研讨会。萨科齐总统和中国国务院副总理王岐山共同出席开幕式并致辞。来自中国、法国、英国、美国、德国和俄罗斯等国的财长和央行行长、国际货币基金组织总裁斯特劳斯－卡恩和欧洲央行行长特里谢参加了会议。② 8 月 25 日，萨科齐总统在前往太平洋法属领地新喀里多尼亚巡视行程中临时增加了一次对北京的"闪电"访问。

萨科齐总统在北京仅逗留了 5 小时，但他与胡锦涛主席讨论了世界经济形势及 G20 事务。萨科齐总统说，当前世界经济金融形势令人担忧。中国在世界经济重大问题上发挥着重要作用。作为 G20 轮值主席国，法国愿意同中方共同探讨世界经济面临的重大问题，加强同各方的沟通协调，推动 G20 戛纳峰会为世界经济复苏发挥积极作用。胡锦涛主席说，当前影响世界经济复苏的不稳定不确定性因素增多，全球经济发展面临严峻挑战，国际社会应该加强团结、增强信心、齐心协力、共同应对。G20 戛纳峰会将是一次重要的会议，各方对此次峰会都有所期待。中方赞同峰会所设的核心议题，积极评价法方为峰会所做的富有成效的筹备工作，表示将继续支持和参与峰会各项工作，同各成员国一道，为峰会取得成功作出贡献。③

虽然中国迟至 2016 年才成为 G20 的轮值主席国，但早在 2005 年 10 月，它就成功地主办了第七届 G20 财长和央行行长会议。胡锦涛主席出席了这一会议的开幕式，并发表了题为

---

① 《国家主席胡锦涛同美国总统布什通电话》，新华网，2008 年 10 月 21 日。http：//news. xinhuanet. com/world/2008－10/21/content_ 10230 015. htm。

② 中国国际经济交流中心为这一会议提供会务服务。

③ 《胡锦涛会见法国总统萨科齐》，人民网，2011 年 8 月 26 日。http：//politics. people. com. cn/GB/1024/15511943. html。

《加强全球合作，促进共同发展》的重要讲话。他强调，在当前国际形势下，G20 各成员应该在平等互利、求同存异、灵活务实的基础上开展对话，加强同其他国际和区域经济机构的交流合作。

在这一讲话中，胡锦涛主席还就推动世界经济平衡有序发展提出四点主张：（1）要尊重发展模式的多样性，支持各国根据本国国情选择适合自身条件的发展道路。（2）要加强各国宏观经济政策的对话和协调，特别是要加强在一些涉及世界经济发展全局和各国共同利益的重大问题上的协调，以共同促进世界经济平衡有序发展。（3）要完善国际经济贸易体制和规则，支持完善国际金融体系，共同稳定国际能源市场，使世界各国特别是发展中国家能从中受益。（4）要帮助发展中国家加快发展，加强南北对话，完善发展援助机制，鼓励更多发展资源向发展中国家转移。[①]

中国领导人出席了 G20 的每一次峰会，并多次对它表达了真诚的希望和期待。例如，在土耳其主办的第十次峰会上，习近平主席说，"二十国集团的任务是促进世界经济增长。当前形势下，亟须我们回答两个问题。一是'怎么看'，要精准把脉世界经济形势。二是'怎么办'，要为促进全球经济增长和就业开出良方。"[②]

（二）欧盟对 G20 的立场

欧盟同样重视 G20 的作用。欧盟对外行动署认为，自 1999

---

① 《第七届 20 国集团财长和央行行长会议开幕胡锦涛提出四点主张》，财政部网站，2005 年 10 月 15 日。http://www.mof.gov.cn/zhuanti-huigu/czhzhy7/mtbd/200805/t20080519_22038.html。

② 习近平：《创新增长路径 共享发展成果——在二十国集团领导人第十次峰会第一阶段会议上关于世界经济形势的发言》，2015 年 11 月 15 日，安塔利亚。http://www.fmprc.gov.cn/web/ziliao_674904/zt_674979/ywzt_675099/2015nzt/xjpcf_684717/zxxx_684719/t1315054.shtml。

年起，G20 在巩固国际金融架构和推动可持续发展的过程中发挥了重要作用，也为发达国家和新兴经济体在应对国际金融危机和恢复国际金融稳定的过程中加强合作提供了动力。① 欧洲理事会前主席范龙佩曾说过，在协调全球经济政策的过程中，G20 采取了最成体系的、影响最深远的行动。② 欧盟委员会前主席巴罗佐也认为，G20 是发达国家和新兴经济体合作在解决全球问题时分享领导权的场所。③ 他说："面对国际金融危机，G20 必须团结一致地实施雄心壮志般的行动。虽然 G20 难以在一夜之间解决危机，但它确实能够有所作为。"④

　　针对人们对 G20 的疑问，巴罗佐在首尔峰会前夕对欧洲议会的议员们说："在本月举行的 G20 峰会之前，有人担心，一旦（国际金融危机的）压力减退，G20 就很难发挥全球经济协调平台的重要作用。我能让你们相信，本月的首尔峰会后，对 G20 的

① "EU Relations with the G20". http：//eeas. europa. eu/g20/index_ en. htm.

② "Remarks by President of the European Council, Herman Van Rompuy, ahead of the G20 summit in Saint Petersburg", Saint Petersburg, 5 September 2013. http：//www. consilium. europa. eu/uedocs/cms_ data/docs/ pressdata/en/ec/138659. pdf.

③ José Manuel Durão Barroso, "European Union and Multilateral Global Governance", Inaugural Lecture of the Global Governance Program at the European University Institute, June 18, 2010. http：//europa. eu/rapid/press-release_ SPEECH-10 – 322_ en. htm? locale = en.

④ José Manuel Durão Barroso, "Looking ahead to the European Council and G20", Brussels, 18 March, 2009. http：//europa. eu/rapid/pressReleasesAction. do? reference = SPEECH/09/126&format = HTML&aged = 0&language = EN&guiLanguage = en; José Manuel Durão Barroso, "The G 20-a unique opportunity", Brussels, 31 March, 2009. http：//europa. eu/rapid/ press-release_ SPEECH – 09 – 160_ en. htm? locale = en.

负面印象是无法得到证实的。"①

巴罗佐甚至还认为，召开 G20 峰会的倡议是欧盟提出的。他在伦敦峰会前夕对欧洲议会说："在全球范围内应对全球危机的倡议来自欧洲。我能这样回忆：萨科齐总统和我去戴维营见奥巴马总统，主张对危机作出一个全球性的应对。2008 年 11 月在华盛顿召开的 G20 峰会就是这一共同努力的结果。由此可见，欧盟在 G20 事务中拥有特殊的责任。"②

除德国、法国、英国和意大利以外，欧盟也在 G20 中拥有席位，因此欧盟委员会主席和欧洲理事会主席也出席 G20 的每一次峰会。这无疑在客观上提升了欧盟在 G20 中的地位。

更为重要的是，英国和法国分别在 2009 年 4 月 1 日至 2 日和 2011 年 11 月 3 日至 4 日主办了 G20 峰会。作为东道国，英国和法国为会议的召开作出了巨大的努力，也取得了不容低估的成效。两次峰会都发表了多个重要文件，为当时世界各国应对国际金融危机指明了方向，提出了较为具体的措施。事实表明，如果没有伦敦峰会和戛纳峰会在多方面达成的共识，世界经济或许难以出现目前的复苏。③

---

① José Manuel Durão Barroso，"The G20：putting Europe at the centre of the global debate"，Strasbourg，November 24，2010. http：//europa. eu/rapid/ press-release_ SPEECH – 10 – 682_ en. htm？ locale = en.

② José Manuel Durão Barroso，"Declaration on the preparation of the G20 Summit"，Strasbourg，March 24，2009. http：//europa. eu/rapid/press-release_ SPEECH – 09 – 140_ en. htm.

③ 2009 年 4 月 3 日上午，胡锦涛主席在伦敦下榻饭店会见韩国总统李明博。胡锦涛说："很高兴同总统先生再次见面。昨天，20 国集团领导人伦敦峰会已经圆满成功。韩国作为这次峰会筹备工作的三驾马车之一，为这次会议的召开做了大量工作，发挥了重要作用，中方对此表示高度赞赏。"http：//www. chinanews. com/gn/news/2009/04 – 03/1632244. shtml.

二 中欧对 G20 的期待和要求

中国和欧盟对 G20 的期待和要求有许多相似之处，但也有差异。为了探讨中欧在 G20 内加强合作的可能性和必要性，必须发现和归纳双方对 G20 的期待和要求，以最大限度地知己知彼，求同存异，有的放矢。

（一）中国对 G20 的期待和要求

根据中国领导人在历届 G20 峰会上的讲话，可将中方对 G20 的期待和要求归纳为以下几点：①

1. 尽快恢复市场信心。为了遏制国际金融危机的扩散和蔓延，主要发达经济体应该承担应尽的责任和义务，实施有利于本

---

① 胡锦涛：《通力合作 共度时艰——在金融市场和世界经济峰会上的讲话》，2008 年 11 月 15 日，华盛顿；胡锦涛：《携手合作同舟共济——在二十国集团领导人第二次金融峰会上的讲话》，2009 年 4 月 2 日，伦敦；胡锦涛：《全力促进增长 推动平衡发展——在二十国集团领导人第三次金融峰会上的讲话》，2009 年 9 月 25 日，匹兹堡；胡锦涛：《同心协力 共创未来——在二十国集团领导人第四次峰会上的讲话》，2010 年 6 月 27 日，多伦多；胡锦涛：《再接再厉 共促发展——在二十国集团领导人第五次峰会上的讲话》，2010 年 11 月 12 日，首尔；胡锦涛：《合力推动增长 合作谋求共赢——在二十国集团领导人第六次峰会上的讲话》，2011 年 11 月 3 日，戛纳；胡锦涛：《稳中求进 共促发展——在二十国集团领导人第七次峰会上的讲话》，2012 年 6 月 18 日，洛斯卡沃斯；习近平：《共同维护和发展开放型世界经济——在二十国集团领导人第八次峰会第一阶段会议上关于世界经济形势的发言》，2013 年 9 月 5 日，圣彼得堡；习近平：《推动创新发展 实现联动增长——在二十国集团领导人第九次峰会第一阶段会议上的发言》，2014 年 11 月 15 日，布里斯班；习近平：《创新增长路径 共享发展成果——在二十国集团领导人第十次峰会第一阶段会议上关于世界经济形势的发言》，2015 年 11 月 15 日，安塔利亚。

国和世界经济金融稳定和发展的宏观经济政策，积极稳定自身和国际金融市场，维护投资者利益。此外，G20应该加强宏观经济政策协调，扩大经济金融信息交流，深化国际金融监管合作，为稳定各国和国际金融市场创造必要条件。

2. 进一步加强合作。这场国际金融危机是在经济全球化深入发展、国与国相互依存日益紧密的大背景下发生的，任何国家都不可能独善其身，合作应对是正确抉择。作为国际社会共同应对国际经济金融危机的重要有效平台，G20应该大力开展各项实质性合作，加快结构调整，稳定市场，促进增长，增加就业，改善民生，千方百计减轻国际金融危机对实体经济的冲击和影响。

3. 建立新的国际金融体系。建立公平、公正、包容、有序的国际金融体系，对世界经济健康稳定增长十分重要，因此，G20应该为实现这一目标作出更大的努力。

在建立新的国际金融体系的过程中，G20应该关注以下问题：（1）如何提高国际金融机构负责人遴选程序的透明度和合理性，增加发展中国家代表性和发言权；（2）如何加强国际金融监管，使金融体系更好地服务和促进实体经济发展；（3）如何完善国际货币体系，扩大IMF特别提款权（SDR）使用并改善其货币篮子组成，建立币值稳定、供应有序、总量可调的国际储备货币体系①；（4）如何尽快制定普遍接受的国际金融监管标准和规范，完善评级机构行为准则和监管制度，建立覆盖全球特别是主要国际金融中心的早期预警机制，提高早期应对

---

① 2015年11月30日，IMF执行董事会批准人民币加入SDR货币篮子。IMF的声明说，执行董事会当天完成了五年一度的SDR货币篮子审议，认为人民币符合"入篮"的所有现有标准。自2016年10月1日起，人民币被认定为可自由使用货币，并将与美元、欧元、日元和英镑一道构成SDR货币篮子。IMF认为，人民币"入篮"将使货币篮子多元化并更能代表全球主要货币，从而有助于提高SDR作为储备资产的吸引力。

能力；（5）如何加强和改善对主要储备货币发行经济体的宏观经济政策的监督。

4. 进一步反对保护主义。以各国资源禀赋为基础开展国际分工和自由贸易，体现了经济规律的客观要求，顺应了经济全球化深入发展的历史潮流。任何国家和地区都不应借刺激经济之名、行保护主义之实。G20 应该反对任何形式的贸易保护主义，反对以各种借口提高市场准入门槛和各种以邻为壑的投资保护主义行为，反对滥用贸易救济措施。有关国家应该放宽对发展中国家不合理的出口限制，努力扩大双边贸易规模，取消对高新技术产品出口的不合理限制，共同营造自由开放、公平公正的全球贸易环境。此外，G20 还应该推动多哈回合谈判早日取得全面、均衡的成果。

5. 推动世界经济平衡发展。全球经济失衡既表现为部分国家储蓄消费的失衡和贸易收支的失衡，也表现为世界财富分配的失衡、资源拥有和消耗的失衡以及国际货币体系的失衡。导致失衡的原因是复杂的、多方面的，既有经济全球化深入发展、国际产业分工转移以及国际资本流动的因素，也同现行国际经济体系、主要经济体宏观经济政策、各国消费文化和生活方式密切相关。从根本上看，失衡根源是南北发展严重不平衡。因此，G20 应优先考虑各国之间的发展不平衡问题。发达国家应该认真落实"蒙特雷共识"，切实增加对发展中国家的援助规模，推动联合国千年发展目标的实现。而且，在实现世界经济平衡增长的过程中，要照顾到不同国家的国情，尊重各国发展道路和发展模式的多样性。

6. 关注发展中国家的发展。发展中国家经济发展水平低，经济结构单一，金融体系抗风险能力弱。因此，G20 在应对金融危机时，要尽量减少危机对发展中国家特别是最不发达国家造成的损害。如何既克服金融危机，又兼顾实现联合国千年发展目标，是全世界的共同责任。发达国家应该继续履行对发展中国家的援助承诺，推进国际减贫进程。对于最不发达国家，更应该减免其债务，对其出口产品减免关税，扩大技术转让，同时尽最大力量帮助其进行基础设施建设，以增强其自我发展能力。此外，国际金融机构也应该积极拓宽融资渠道，通过多种方式筹集资源，以增强对发展中国家的救助。[1]

7. 倡导可持续发展。推动绿色增长是缓解资源环境压力、实现世界经济可持续发展的重要手段。G20 应该积极发展节能环保等绿色产业，增加资金投入，强化机制保障，努力建设资源节约型、环境友好型社会。我们应该坚持共同但有区别的责任原则，充分考虑各国发展绿色产业面临的资源禀赋、发展阶段、能力水平差异，支持各方自主选择符合本国国情的可持续发展道路。此外，G20 应该加强有利于绿色增长的国际技术传播和合作，避免产生新的绿色贸易壁垒。

8. 加强宏观经济政策沟通和协调，形成政策和行动合力。各国有必要根据各自的国情，采取必要的财政和货币政策，促进全球经济增长，维护国际市场稳定。主要发达经济体要努力巩固和扩大复苏势头。新兴市场国家和发展中国家则要努力克服下行风险和压力，保持和恢复增长。在这一过程中，各方应该特别注意加强彼此政策的沟通和协调，防止负面外溢效应。在世界经济中举足轻重的大国，则更需要在制定宏观经济政策时充分考虑对他国的影响，提高透明度。

9. 推动改革创新，增强世界经济中长期增长潜力。世界经济长远发展的动力源自创新。历史经验表明，体制机制变革释放出的活力和创造力，科技进步造就的新产业和新产品，是历次重大危机后世界经济走出困境、实现复苏的根本。因此，各

---

[1]　中方支持 IMF 增资，愿同各方积极探讨并作出应有贡献。但注资应该坚持权利和义务平衡、分摊和自愿相结合的原则，新增资金应该确保优先用于欠发达国家。

国要创新发展理念、政策、方式，特别是通过财税、金融、投资、竞争、贸易、就业等领域的结构改革，通过宏观经济政策和社会政策的结合，让创造财富的活力竞相迸发，让市场力量充分释放。

10. 完善全球经济治理。各国要致力于建设公平公正、包容有序的国际金融体系，提高新兴市场国家和发展中国家代表性和发言权，确保各国在国际经济合作中权利平等、机会平等、规则平等。

（二）欧盟对 G20 的期待和要求

根据欧盟发表的有关文件和欧盟领导人的讲话，我们可将其对 G20 的期待和要求归纳为以下几点：①

---

① Council of the European Union, "Informal Meeting of Heads of State or Government on November 7, 2008: Agreed Language", Brussels, November 7, 2008; Annex 1: "Agreed Language with a View to the G20 Summit in London", in Council of the European Union, "Brussels European Council 19/20 March 2009-Presidency Conclusions", Brussels, 29 April 2009; Council of the European Union, "Agreed Language for the Pittsburgh G20 Summit-Achieving a Sustainable Recovery", Brussels, September 17, 2009; President Herman Van Rompuy, "Joint Letter with European Commission President José Manuel Barroso on EU Priorities for the G20 Summit", June 23, 2010; "G20 Summit: Joint Letter of Presidents Barroso and Van Rompuy to G20 Leaders", Brussels, November 5, 2010; "Joint Statement by European Commission President Barroso and European Council President Van Rompuy on the 1st day of the G20 summit in Cannes", Brussels, November 3, 2011; Council of the European Union, "Joint letter of President Van Rompuy and President Barroso to the EU Heads of State or Government on the G20 Summit in Los Cabos, Mexico", Brussels, May 25, 2012; "G20 Summit: Improving Global Confidence and Support the Global Recovery-Joint Letter of the Presidents of the European Council and the European Commission", Brussels, 23 July 2013; "The EU at the G20 summit in Brisbane: Joint letter of Presidents Barroso and Van Rompuy", Brussels, 21 October 2014; "Remarks by President Donald Tusk ahead of the G20 summit in Antalya", November 15, 2015.

1. 尽快实现世界经济的可持续复苏。为了应对国际金融危机和创造更多的就业机会，必须尽快实现世界经济的可持续复苏。为了实现这一目标，G20应该协调各国财政刺激政策和"财政退出"战略，最大限度地减少各种财政政策的"溢出效应"。在这一过程中，G20要加强与IMF的合作。

G20要关注世界上最不发达国家的经济复苏，通过鼓励投资等方式解决其面临的食品安全和能源安全，并为其中小企业融资提供便利。此外，G20中的援助国还应该履行自己的承诺，立即实施"除武器以外的所有商品倡议"（Everything But Arms），[①]帮助其实现"千年发展目标"。

2. 开展金融市场改革。为避免今后再次发生金融危机，G20应与IMF和金融稳定理事会（Financial Stability Board）合作，对金融市场进行深刻而有力的改革。G20的所有成员国都应该执行《巴塞尔协议II》和《巴塞尔协议III》，并加强对银行体系的监管。[②]

此外，G20要关注"大而不能倒"的问题，为具有全球系统性影响的金融机构制定有效的清算机制和其他框架，强化对影子银行部门的监管，避免对信用评级机构的过度依赖，努力实现国际会计标准的趋同，规范金融机构的分红和薪酬制度，并在管理场外衍生品市场的跨国界交易时加强合作。

3. 反对贸易保护主义。对外贸易在推动世界经济发展和创造就业的过程中发挥着极为重要的作用。如果不能尽快构建多哈回合等全球贸易框架，世界经济就会失去一种增长的动力，贸易保

---

① 为支持世界上最不发达国家的经济发展，欧盟在2001年提出，这些国家除武器以外的所有商品均可免税进入欧盟。

② 金融稳定理事会成立于2009年4月，其前身是1999年成立的金融稳定论坛（Financial Stability Forum）。https://www.financialstabilityboard.org/about/history.htm。

护主义的风险就会出现。① 因此，G20 应该为反对贸易保护主义发出一个强有力的信号，并认真讨论如何解决这一不利于世界经济增长的问题。

4. 消除全球经济失衡。G20 应该制定和实施有利于全球经济平衡的政策，使拥有大量贸易顺差的国家采取刺激国内需求的措施，同时也使拥有大量贸易逆差的国家努力提高其竞争力。② 新兴经济体（尤其是中国）已为其国内经济的再平衡采取了一些措施。除此以外，这些国家还应该扩大汇率的灵活性。③

5. 创造更多的就业机会。虽然 2012 年以来世界经济形势出现了好转的迹象，但世界经济复苏乏力，难以创造足够的就业机会，许多国家的失业率依然居高不下。由于失业对人民生活水平有着极大的影响，对社会稳定也构成巨大的挑战，因此，G20 应该进一步重视各国的失业问题。

6. 改革国际金融体系。必须全面落实 2010 年确定的 IMF 配额和治理改革计划。这对提高该机构的合法性、信誉和效率是至关重要的。欧盟所有成员国都已批准这一改革计划。G20 应该敦促 IMF 的其他成员也要尽快予以批准。

此外，G20 还应该敦促 IMF 与区域融资安排（RFAs）加强合作，在打击偷税漏税、洗钱和跨国界金融犯罪时加强国际合

---

① 在 G20 匹兹堡峰会之前，欧盟甚至雄心勃勃地希望多哈回合谈判能在 2010 年结束。参见 Council of the European Union, "Agreed Language for the Pittsburgh G20 Summit-Achieving a Sustainable Recovery", Brussels, September 17, 2009。http：//www. consilium. europa. eu/uedocs/cms＿ data/docs/pressdata/en/ec/110166. pdf。

② 欧盟认为它并没有加剧全球失衡，因为欧盟的经常账户赤字不大，通货膨胀率较低，债务水平不高，汇率是由市场力量决定的。

③ "Joint statement by European Commission President Barroso and European Council President Van Rompuy on the 1st day of the G20 summit in Cannes", Brussels, 3 November, 2011. http：//europa. eu/rapid/press-release＿ MEMO－11－754＿ en. htm? locale = en.

作，并探讨在全球范围内征收金融交易税的可能性。

7. 推动全球气候谈判进程。全球气候变化的速度比预料的快得多，由此而来的风险业已显现。这意味着各国必须采取实际行动。G20 应该寻求一种现实的、各方都能接受的谈判立场。至2050 年，发达国家的排放量应减少80%。除最不发达国家以外的其他所有国家都应该为应对全球气候变化的行动提供资金，资金的分配取决于不同国家的需求，以确保发展中国家获得的资金多于其贡献的资金。

8. 关注能源领域的问题。能源领域中的问题主要包括：对化石燃料提供补贴，能源价格大起大落，在海洋石油开采和运输的过程中出现事故。G20 为解决这些问题作出了努力，欧盟支持G20 的努力。

9. 应对跨国界避税和逃税问题。这一问题的妥善解决既能提升 G20 的合法性，也能确保各国政府能在财政紧缩时期获得更多的资源，以提供更多的服务和改善基础设施。有必要强化各国的政治共识和政治决心，认真落实 G20 与经济合作与发展组织共同推出的"税基侵蚀和利润转移行动计划"（Action Plan on Base Erosion and Profit Shifting，BEPS）。

10. 打击恐怖主义和根治难民危机。巴黎等地的恐怖主义袭击并非叙利亚反对派所为，而是伊斯兰国的行径。因此，G20 应该为打击伊斯兰国而采取统一的行动。

数百万难民为逃离恐怖主义和国内战乱而背井离乡，因此，难民危机是一个全球性的危机。G20 应该对这一危机作出协调一致的反应，既要解决近期的问题，也要在源头上根治危机的诱因。

综上所述，通过比较双方的期待和要求，我们可以得出以下结论：（1）中欧双方对 G20 提出的期待和要求都是很高的，似乎都认为 G20 是无所不能的；（2）双方都认为自己为应对国际金融危机和推动世界经济复苏作出了贡献；（3）在最初几次 G20 峰会上，双方都比较关注如何尽快实现世界经济的复苏；但随着全球经济形势的好转，双方都开始重视其他一些重大问题；（4）双方都希望 G20 能认真落实其在历届峰会上通过的行动计划和领导人声明等文件中提出的种种政策建议和措施；（5）欧盟更为关注如何增加就业；（6）中国较为重视发展中国家的发展问题，并希望发达国家为其提供更多的援助和照顾。（7）除经济领域以外，欧盟的主张还涉及反恐、反腐败和难民危机等非经济问题，甚至还同美国站在一起，希望圣彼得堡峰会讨论叙利亚问题；而中国则不希望 G20 峰会讨论非经济问题。①

还应该指出的是，欧盟有时还指名道姓地对一些国家提出了具体要求。如在 2012 年 6 月的洛斯卡沃斯峰会之前，欧盟提出，美国和日本应该实施可信的中期财政计划，② 中国应该继续强化其社会安全网，并为实现汇率的市场化实施更深入的结构性改革。③

三　中欧在 G20 内加强合作的方式方法

一方面，G20 在国际舞台上的地位日益提高，在全球治理中的作用不断加强；另一方面，作为世界第二大经济体，中国在 G20 中的重要性也在稳步上升。同样不容忽视的是，欧盟与中国保持着密切的关系，并已建立了全面战略伙伴关系。因此，中欧完全可以在 G20 内加强合作，合作的内容及方式方法可包括以下

---

①　中国外交部国际经济司司长张军认为，G20 峰会是一个经济论坛，不应该讨论政治问题。http：//news. xinhuanet. com/world/2013 – 09/17/c_ 125400517. htm。

②　欧盟甚至要求美国避免"财政悬崖"。

③　Council of the European Union, "Joint letter of President Van Rompuy and President Barroso to the EU Heads of State or Government on the G20 Summit in Los Cabos, Mexico", Brussels, May 25, 2012.

几个方面：

（一）共同帮助发展中国家。中国是一个发展中国家。多年来，中国在致力于自身发展的同时，始终坚持向经济困难的其他发展中国家提供力所能及的援助，承担相应国际义务。中国的对外援助，发展巩固了与广大发展中国家的友好关系和经贸合作，推动了南南合作，为人类社会共同发展作出了积极贡献。① 欧盟同样具有帮助发展中国家的愿望。欧盟委员会前主席巴罗佐曾说过："我们的发展中国家伙伴最不应该对（当前的）危机负责，但受到该文件的打击却最沉重。……我们的增长和稳定与这些国家密切相连，它们的增长和稳定也与我们有关。对这些国家提供帮助不仅仅是正确的，而且在经济上也是有意义的。我们的基本价值观是帮助发展中国家介入全球经济，以便使它们享受更多的繁荣。这也将是全球经济复苏的基础。"②

由此可见，中欧双方应该充分利用 G20 这一多边机制，更好地协调立场和政策，向发展中国家提供更多、更好的帮助，使其进一步加快经济发展和社会进步。尤其在医疗和教育等领域，中欧双方都积累了成功的援外经验。因此中欧合作必将使各自的援助发挥一加一大于二的功效。

（二）对 G20 轮值主席国施加更大的影响。根据 G20 的制度安排，轮值主席国在确定 G20 峰会和其他重要会议的议题时拥有很大的主动权和决定权。而议题的确定既能对全球经济确定发展方向，也会对 G20 成员国的经济政策产生或大或小的影响。例如，在以美国为主的一些国家的要求下，G20 的多次峰会曾提到全球经济失衡的问题。中国认为，世界经济最根本的不平衡是经

---

① 国务院新闻办公室：《中国的对外援助》（白皮书），2011 年 4月。http://news. xinhuanet. com/2011 - 04/21/c_ 121332527. htm。

② José Manuel Durão Barroso, "Supporting developing countries in coping with the crisis", Joint press conference with Commissioner Louis Michel, Brussels, April 8, 2009.

济结构、经济治理、国际规则制定和南北发展的不平衡，而非贸易和经常账户的不平衡。①

中欧双方如能团结一致，在重要会议之前协调立场，相互帮助，交流看法，必然会对 G20 轮值主席国施加更大的影响，使其确定的议题更能被各方接受或更有利于全球经济的复苏和发展。令人欣慰的是，《中欧合作 2020 战略规划》已要求中欧双方加强多边场合合作，包括在重大会议前进行协调。因此，中欧不妨建立一个 G20 事务特别工作组，就 G20 事务的动向和 G20 峰会的议题时刻保持密切的沟通和磋商。而且，中国既要与欧盟保持密切联系，也要与 G20 中的欧盟成员国（德国、法国、英国和意大利）及经常列席 G20 峰会的西班牙等国保持紧密的联系和交流。

（三）在改革国际金融体系的过程中加强合作。包括中国和欧盟在内的国际社会都认识到了改革国际金融体系的必要性和重要性。经过艰难的博弈，这一改革已起步，G20 的推动作用功不可没。

随着国际金融体系改革的不断深入，美元在国际经济舞台上的地位必将下降，欧元和人民币的地位有望上升。此外，IMF 董事会在 2010 年 12 月通过的份额和改革计划有望增强该机构的可信性、合法性和有效性。② 这无疑也是有利于中国和欧盟的。

然而，国际金融体系的改革也面临着不少阻力。例如，包括美国在内的多个国家尚未批准 IMF 的改革方案。因此，中国领导人多次在 G20 峰会上呼吁尽快落实这一方案，以提高其应对危机

---

① 《中国副外长呼吁正确认识全球经济失衡问题》，新华网，2013 年 2 月 1 日 。http：//big5. xinhuanet. com/gate/big5/news. xinhuanet. com/world/2013 – 02/01/c_ 114588712. htm。

② "IMF Board of Governors Approves Major Quota and Governance Reforms", Press Release No. 10/477, December 16, 2010 http：//www. imf. org/external/np/sec/pr/2010/pr10477. htm.

和紧急救助的能力，更好地履行维护全球经济金融稳定的职责。①
欧盟也表达了类似的愿望。由此可见，在改革国际金融体系的过
程中，中欧加强合作的可能性和必要性很大。中欧双方应该利用
一切机遇，在 G20 峰会和其他场合呼吁美国等国尊重国际社会的
共识，尽快批准 IMF 的改革方案。

（四）合力推动 G20 的功能转型。众所周知，G20 是为应对
国际金融危机而应运而生的。毋庸置疑，在应对这一危机的过程
中，G20 发挥了重要作用。但是，随着危机的好转和全球经济的
复苏，G20 重要性和效能似乎在下降，甚至 G20 成员国之间的团
结也遭到质疑。有人甚至认为，国际金融危机最严重时 G20 显现
的"救生圈"精神已不复存在，因此，无论是在诊断全球经济衰
退的根源时还是在为其"开处方"时，新兴经济体与发达国家的
分歧越来越明显。他们甚至建议，G20 的作用应该从国际金融危
机之初的"救生圈"升华到"全球经济治理委员会"或"世界
经济的指导委员会"。②

在圣彼得堡峰会前夕，英国《金融时报》（2013 年 9 月 2
日）发表的一篇社评也写道："2009 年，G20 的领导人为避免
（世界经济的）萧条而团结协作，展示了世界上主要经济体的气
概。但在四年后的今天，这种团结精神已崩溃。政策协调几乎没
有，即使有的话也是吞吞吐吐。"该文章还指出，"当前的挑战不
同于四年前，但政治和经济危机已再次显现。当 G20 领导人本周

①　美国国会在 2014 年 1 月 13 日公布的联邦政府 2014 财年综合拨款
法案中没有包含批准 IMF 2010 年份额和治理改革的内容。中国外交部发言
人说，IMF 份额和治理改革是该机构作出的重大决定，有关国家应抓紧落实
这一改革方案，增加新兴市场和发展中国家在国际金融机构中的代表性和发
言权。《外交部发言人：国际货币基金组织成员应抓紧落实相关份额和治理
改革方案》，新华网，2014 年 1 月 16 日。http://news. xinhuanet. com/world/
2014 -01/16/c_ 118986202. htm。

②　Robert Wade and Jakob Vestergaard, "Overhaul the G20 for the sake of
the G172", *Financial Times*, October 21, 2010.

聚首圣彼得堡时，世界需要他们再次燃起合作的意愿"①。

　　事实上，早在 2010 年 6 月的 G20 多伦多峰会上，中国国家主席胡锦涛就指出，G20 应从应对国际金融危机的有效机制转向促进国际经济合作的主要平台，着眼长远，使其从协同的财政刺激转向协调的增长，从短期应急转向长效治理，从被动应对转向主动谋划。此外，还要处理好二十国集团机制同其他国际组织和多边机制的关系，确保二十国集团在促进国际经济合作和全球经济治理中发挥核心作用。②

　　欧盟在 G20 中拥有多个席位，西班牙等欧盟成员国还经常性地列席 G20 峰会，因此，在推动 G20 转型的过程中，中欧合作的必要性和重要性是显而易见的。例如，中欧应该呼吁 G20 进一步优化顶层设计，进一步完善本届、上届及下届轮值主席国构成的"三驾马车"（Troika）的合作机制，使 G20 峰会和其他重要会议（财长和央行行长会议、工商峰会、劳工峰会、社会峰会、青年峰会及智库峰会）的议题更为符合世界的现实和大多数国家的诉求。此外，中欧还应该考虑如何逐步实现 G20 的机制化等问题，以避免其成为"空谈俱乐部"。

　　（五）在担任轮值主席国时相互帮助。在 G20 目前的"非机制化"制度安排中，轮值主席国的作用较为重要。轮值主席国既能与上届及下届轮值主席国合作，也能主办 G20 峰会和其他重要会议；既能在确定 G20 峰会的议题时拥有较多的发言权，也能因主办这一峰会而提升本国的国际地位。

---

　　①　"Crisis mood should focus G20 heads", September 2, 2013.　http：//www. ft. com/intl/cms/s/0/fdf47b26 - 13d7 - 11e3 - 9289 - 00144feabdc0. html#axzz2tg7Ws7tK.

　　②　《胡锦涛在 20 国集团领导人第四次峰会上的讲话》，中央政府门户网站，2010 年 6 月 27 日。http：//www. gov. cn/ldhd/2010 - 06/27/content_ 1639029. htm。

　　中国在 2016 年担任 G20 轮值主席国。① 为了出色完成这一任务，中国有必要向分别在 2009 年和 2011 年担任轮值主席国的英国和法国取经。尤其在筹备 G20 峰会、财长和央行行长会议、工商峰会、劳工峰会、社会峰会、青年峰会及智库峰会的过程中，中国更应该仿效其成功的做法，力求做到万无一失。

　　应该注意到，欧盟也希望中国利用 G20 轮值主席国这一特殊地位，在国际上发挥更大的作用。如在 2016 年 2 月 25 日的一次会议上，欧盟贸易委员马尔姆斯特伦说，如果中国能在一个开放的多边贸易体系中发挥引领作用，它就能从中获取巨大的利益。中国深知这一点。因此，中国有必要利用担任 G20 轮值主席国这一良机，积极发挥这一作用。②

　　（六）在 G20 是否应该实现机制化这一重大问题上协调立场。任何一种多边对话平台都面临着机制化或非机制化的选择。非机制化的优势是灵活性大，因为每一次对话达成的共识（如"联合声明""公报"或"行动计划"）对参与者无法律上的约束力。其结果是，这样一种对话平台常被批评为"空谈俱乐部"。

　　机制化又分高度机制化和低度机制化。高度机制化既有常设秘书处，又有规范参与者行为的条约。而且，这些条约还具有法律上的较为严格的约束力。相比之下，低度机制化则未必拥有这样的条约，但须建立一个常设秘书处，由其确定议题和议事日

---

　　① 据报道，2013 年 5 月 6 日法国外交部长洛朗·法比尤斯在访问香港时对记者说，中国希望主办 2016 年 G20 峰会，以求在国际经济事务中获得更大发言权。他说 2013 年 4 月法国总统奥朗德访问中国时，中国国家主席习近平表达了这个愿望。《法外长：中国望主持 20 国峰会》，南早中文网，2013 年 5 月 7 日。http：//www. nanzao. com/sc/international/7129/fa-wai-chang-zhong-guo-wang-zhu-chi-20guo-feng-hui。

　　② Cecilia Malmström，"The EU and China：trade and investment in the global economy"，China Association Event，London25 February 2016. http：//trade. ec. europa. eu/doclib/docs/2016/february/tradoc_ 154322. pdf.

程、处理日常事务、协调各方立场以及检查历届峰会的"行动计划"的实施。①

迄今为止，G20 采纳的是非机制化形式。例如，虽然 G20 峰会、财长和央行行长会议能经常性地举行，会后能发表公报或联合声明等重要文件，但这些文件毫无约束力可言。此外，主席国采用轮值制，因此轮值主席国的作用仅为一年。

为提高 G20 有效性和公信力，并使其在推动全球经济治理的过程中发挥更为重要的作用，G20 拟从目前的非机制化向低度机制化发展。中国应争取成为 G20 常设秘书处的所在地。当然，在这一重大问题上，中国必须与欧盟协调立场。

四　小结

中国和欧盟都重视 G20 在全球治理中的重要作用，都积极参与 G20 事务。《中欧合作 2020 战略规划》要求双方致力于建立一个基于规则的，更加有效、透明、公正、合理的国际治理体系，重视二十国集团等多边组织和平台的作用。欧盟甚至还希望中国在不远的将来能主办 G20 峰会。由此可见，中欧在 G20 内加强合作的前景是美好的。

G20 在国际舞台上的地位日益提高，中欧的国际影响力也在扩大。此外，欧盟与中国保持着密切的关系，并已建立了全面战略伙伴关系。因此，中欧完全可以在 G20 内加强合作，合作的内容及方式方法可包括以下五个方面：共同帮助发展中国家；对

---

①　国际上有人认为，G20 应该把 IMF 用作其"外包"的秘书处以及从事研究、统计和决策的机构。G20 还可使用 IMF 的众多专家，不必自己去招募一支庞大的专家队伍。这一"外包"等于使 IMF 获得了一个"死缓"的机遇，因为不少人认为，IMF 已失去了存在的必要性。参见 James Rickards, *Currency Wars: The Making of the Next Global Crisis*, Portfolio, 2012, p. 132。

G20 轮值主席国施加更大的影响；在改革国际金融体系的过程中加强合作；合力推动 G20 的功能转型；在担任轮值主席国时相互帮助；在 G20 是否应该实现机制化这一重大问题上协调立场。

第三章　中欧在全球贸易
治理中的合作

中欧双方都是国际贸易舞台上的重要角色，在一定程度上都受到国际贸易体系中一些缺陷的负面影响。因此，双方有必要通过推动全球贸易治理的方式，最大限度地克服这些弊端，使国际贸易为各自的经济发展作出更大的贡献。

中欧处于不同的发展阶段，在全球贸易体系中受益的程度也有差异，甚至对全球贸易治理问题的立场也不尽相同。但这些差异并不意味着双方不能在全球贸易治理中加强合作。

一　强化全球贸易治理的必要性

以世界贸易组织（WTO）为核心的全球贸易体系日臻完善。但是，无论是作为多边体系的 WTO，还是作为双边体系的区域贸易制度安排，都有一些缺陷和弊端。因此，有必要通过强化全球贸易治理等方式，克服上述缺陷和弊端。

当前全球贸易体系的缺陷和弊端主要包括：

（一）多哈回合久拖不决。2001 年 11 月在卡塔尔首都多哈举行的 WTO 第四次部长级会议启动了"多哈发展议程"（Doha Development Agenda，即"多哈回合"谈判）。其宗旨是通过降低贸易壁垒和修改贸易规则等方法，对国际贸易体系进行重大的改革，以改善发展中国家的贸易前景。①

"多哈回合"应该在 2005 年结束。然而，经过十多年的谈判，"多哈回合"举步维艰，一波三折，进退两难。无怪乎不时有人发出"多哈回合"业已死亡的感叹。② 在 2011 年 1 月的冬季达沃斯世界经济论坛上，英国首相卡梅伦呼吁各国谈判人员"不要退步"，以便在这一年结束谈判。他说，2011 年应该是决定"多哈回合"的生死之年。德国总理默克尔也希望各国政府抓紧谈判，否则会"时不再来"。③

多哈回合久拖不决的原因是多方面的，其中最重要的是发达国家与发展中国家拥有不同的利益诉求，在一系列问题上各不相让，坚持己见。

（二）WTO 的决策机制效率低下。WTO 的三大支柱是决策机制、争端解决机制和贸易政策审议机制。对多哈回合谈判进程影响最大的主要是决策机制。根据 WTO 的有关规定，决策机制奉行协商一致的原则，即任何议题须在无反对意见的条件下才能获得通过。换言之，如有成员反对，该议题就不能通过。

WTO 及其前身关贸总协定（GATT）有时被视作"民主论坛"，因为它的决策以协商一致为基础。这与布雷顿森林体系崇尚的投票机制大不相同。④ 然而，目前 WTO 拥有 160 多个成员，涵盖了世界大多数经济体。其中既有发达经济体，也有新兴经济

① "The Doha Round". https：//www. wto. org/english/tratop_ e/dda_ e/dda_ e. htm.

② "Pascal Lamy on world trade：Is Doha dead？", The Economist online, September 5，2012. http：//www. economist. com/blogs/freeexchange/2012/09/pascal-lamy-world-trade.

③ "Davos 2011：Doha round 'should finish by end of year'", BBC News, January 28，2011. http：//www. bbc. com/news/business – 12309484.

④ Carolyn Deere Birkbeck（ed.），*Making Global Trade Governance Work for Development：Perspectives and Priorities from Developing Countries*, Cambridge University Press, 2011, p. 464.

体，还有数量众多的发展水平较低的贫穷经济体。因此，如要使得某议题的最终决定符合所有成员的利益，显然是非常困难的。①

作为全球性的多边贸易治理机制，WTO 应该拥有多多益善的成员。但是，成员之间的发展水平千差万别，利益诉求各不相同。例如，新兴经济体希望在全球贸易体系中拥有更多的发言权，并主张尽快修改不合理的规则。而发达国家则要求发展中国家更为有力地奉行所谓公平和自由的贸易，甚至将贸易与环境、人权和劳工权益"挂钩"。由此可见，WTO 有必要调整其决策机制，以公正、客观、合理地迎合各方的利益诉求。

（三）WTO 无法适应全球价值链（Global value chains）的快速发展。全球化趋势的快速推进使生产、贸易和投资越来越成为全球价值链的重要组成部分。在这一价值链中，不同的生产阶段在不同的国家完成。②

2015 年 10 月 6 日在伊斯坦布尔召开的 G20 贸易部长会议指出，"为了理解今天的高度一体化的贸易和全球化，有必要对全球价值链获得更为深刻的认识，并为各国的增长和就业从全球价值链中获得无尽的利益而制定政策"③。但是，并非所有发展中

---

① 美国彼得森国际经济研究所的斯考特等人认为，WTO 奉行的"共识"之所以不复存在，主要是两个原因使之然：一是 WTO 的成员不断扩大；二是 WTO 的成员无法继续"搭便车"，而是要参与所有议题的讨论。参见 Jeffrey J. Schott and Jayashree Watal，"Decision-Making in the WTO"，March 2000。http：//www. iie. com/publications/pb/print. cfm？ researchid＝63&doc＝pub。

② "Global Value Chains". http：//www. oecd. org/sti/ind/global-value-chains. htm.

③ "Istanbul G20 Trade Ministers Meeting：Presentation of the OECD-WBG inclusive global value chains report"，Remarks by Angel Gurría，Secretary-General，OECD，6 October 2015，Istanbul，Turkey. http：//www. oecd. org/development/istanbul-g20-trade-ministers-meeting-presentation-of-the-oecd-wbg-inclusive-global-value-chains-report. htm.

国家和所有中小企业都能积极参与全球价值链。这意味着，有必要通过改善全球贸易治理等方式，使全球价值链更好地为世界各国的福利作出贡献。

此外，全球价值链与传统的国际贸易不尽相同，两者奉行的规则也应该有所不同。例如，由于国际贸易与国际投资的关系日益密切，商品贸易与服务贸易的互动性越来越强烈。由此可见，如何推动国际贸易规则与国际投资规则的整合，如何使 WTO 更好地为全球价值链服务，并使每一个重要的新兴经济体参与其中，已成为当前全球贸易治理的当务之急。无怪乎日内瓦国际研究所教授、英国经济政策研究中心主任理查德·巴德温认为，有必要使目前的 WTO 1.0 向 WTO 2.0 的方向升级换代。①

（四）一些自由贸易制度安排具有强烈的排他性。由于多哈回合谈判停滞不前，许多国家（尤其是发达国家）越来越倾向于以双边自由贸易协定或区域自由贸易协定来摆脱僵局。最引人注目的无疑是跨太平洋伙伴关系（TPP）和跨大西洋贸易与投资伙伴关系协议（TTIP）。

将双边自由贸易协定或区域自由贸易协定作为推动多边自由贸易的"突破口"是无可厚非的。但是，TPP 和 TTIP 等制度安排具有不容低估的排他性。因此，如何使这些制度安排成为多边自由贸易制度安排的"垫脚石"（building blocks）而非"绊脚石"（stumbling blocks），将是全球贸易治理必须应对的一个重大问题。

（五）忽视发展中国家的贸易能力。最近一二十年，一些发展中国家脱颖而出，成为举世瞩目的新兴经济体。但是，就整体而言，发展中国家依然面临着经济发展水平低下、参与国际贸易

---

① Richard Baldwin and Javier Lopez-Gonzalez, "Supply-Chain Trade: A Portrait of Global Patterns and Several Testable Hypotheses", National Bureau of Economic Research Working Paper 18957, http://www.nber.org/papers/w18957.

的能力弱小等一系列挑战。此外，在目前的国际贸易格局中，发达国家是主体。它们的意愿对国际贸易规则有着举足轻重的影响，而许多规则对发展中国家是极为不利的。因此，有必要通过改善全球贸易治理等方式，使发展中国家能更为深入地参与国际贸易活动，从中获取更多的发展机遇。正如英国学者卡罗琳·伯科贝克所言，"在大多数国家依然是发展中国家、大量人口生活在贫困之中的这个世界上，确保国际贸易为发展作出贡献，应该是全球贸易治理面临的一大挑战"①。

（六）WTO 的一些规则缺乏公正性。WTO 的成立标志着全球贸易体系中出现了具有正式法律地位的国际组织。诚然，自那时以来，全球贸易体系向制度化方向发展的步伐越来越快，法律化程度显著提高，贸易争端可在国际法的基础上通过法律手段加以解决。但是，WTO 的规则并非已经到达了尽善尽美的地步。尤其在反倾销领域，WTO 对市场经济地位的认定及与此相关的反倾销规则，对一些成员的影响是非常不利的。事实表明，许多国家经常随意使用反倾销"大棒"，以所谓第三方同类产品的价格作为"参照"，对价廉物美的进口商品实施反倾销。

二　中欧对全球贸易治理的立场

中欧在国际贸易舞台上居于十分显赫的地位。根据 WTO 的统计数据，2014 年，中国的商品出口额高达 2.34 万亿美元（占世界份额的 12.3%），居世界之首；商品进口额为 1.96 万亿美元（占世界份额的 10.3%），居世界第二。在世界前十大商品出口

---

① Carolyn Deere Birkbeck (ed.), *Making Global Trade Governance Work for Development: Perspectives and Priorities from Developing Countries*, Cambridge University Press, 2011, p. 1.

国（经济体）中，欧盟成员国有 5 个（德国、荷兰、法国、意大利和英国），其中德国的出口额为 1.51 万亿美元（占世界份额的 7.9%），名列世界第三；在世界前十大商品进口国（经济体）中，欧盟成员国有 4 个（德国、英国、法国和荷兰），其中德国的进口额为 1.22 万亿美元（占世界份额的 6.4%），同样位居世界第三。[①] 由此可见，如何应对国际贸易体系中的弊端，构建一个更加开放、更加公平、更加公正的国际贸易体系，应该是中欧双方共同追求的目标。

2013 年 11 月举行的第十六次中欧领导人会晤共同制定了《中欧合作 2020 战略规划》。在这一规划中，双方希望在多边层面上加强合作，以推动多哈回合谈判。此外，双方还表示，在开展贸易救济调查和采取贸易救济措施时，必须按照 WTO 的规则，以公正、客观和透明的方式进行。[②]

2015 年 6 月 29 日举行的第十七次中欧领导人会晤强调，双方致力于促进开放型世界经济和公平、透明、基于规则的贸易投资环境，确保公平竞争，反对保护主义。双方将充分利用现有双边机制加强沟通，优先采取对话和磋商，必要时通过谈判，处理重大双边贸易摩擦，以找到互利的解决办法。双方还重申，致力于遵守世界贸易组织规则，通过结束多哈回合谈判和促成《贸易便利化协定》生效，加强以 WTO 为代表的多边贸易体系的作用。双方同意进一步合作，推动多边和所有诸边谈判取得务实成果。[③]

---

①　"International Trade Statistics 2015". http：//www. wto. org/english/res_ e/statis_ e/its2015_ e/its15_ toc_ e. htm.

②　《中欧合作 2020 战略规划》，新华网，2013 年 11 月 23 日。http：//news. xinhuanet. com/3gnews/2013 – 11/23/c_ 125751496_ 5. htm。

③　《第十七次中国欧盟领导人会晤联合声明》，中央政府门户网站，2015 年 7 月 1 日。http：//www. gov. cn/xinwen/2015 – 07/01/content_ 2887420. htm。

此前的历次中欧领导人会晤都表达了相同或类似的愿望。①

中欧对全球贸易治理的立场有不同的重点和诉求，但两者的基本方向是相同或相似的。

（一）中国对全球贸易治理的立场

2015 年 11 月 18 日，中国国家主席习近平在菲律宾马尼拉出席亚太经合组织工商领导人峰会时发表主旨演讲时说，当前，新的区域自由贸易安排不断涌现，引发大家对碎片化倾向的种种担忧。我们要加快亚太自由贸易区建设，推进区域经济一体化。要平等参与、充分协商，最大程度增强自由贸易安排的开放性和包容性，提高亚太开放型经济水平、维护多边贸易体制。要致力于合作共赢，反对保护主义，促进公平竞争。②

2013 年 9 月 11 日，中国国务院总理李克强在大连 2013 夏季达沃斯世界经济论坛开幕式上致辞时说，双边和区域的贸易安排在许多国家和地区发生，可谓十分活跃。对于跨太平洋伙伴关系（TPP）、跨大西洋贸易与投资伙伴关系协议（TTIP）等贸易安排，中国都持开放和包容的态度。世界经济的一体化和贸易的自由化是不可阻挡的趋势。在这一过程当中，增加区域贸易安排和发展多边贸易体制，可以形成"两个轮子一起转"。

李克强总理认为，无论是区域的还是双边的贸易安排，都应该遵守多边贸易的基本规则，也应该本着开放、包容、透明的原

---

① 例如，2012 年 9 月 20 日发表的《第十五次中欧领导人会晤联合新闻公报》指出，双方"强调开放、可预测、基于规则、透明的多边贸易体系的重要性，致力于确保世界贸易组织的中心作用。双方重申根据授权以多边方式成功缔结多哈发展议程，并寻求在贸易便利化以及其他发展中国家关切在内的领域取得早期收获的重要性。" http://www.gov.cn/jrzg/2012－09/21/content_ 2229701. htm。

② 《习近平在亚太经合组织工商领导人峰会上的演讲》，新华网，2015年 11 月 18 日。http://news. xinhuanet. com/politics/2015 － 11/18/c _ 1117186815. htm。

则。这个基本原则就是，要有利于贸易自由化，坚决反对贸易保护主义。而且，任何一种区域贸易安排的目的应该是实现全球经济的一体化，不应该也不可能替代多边贸易安排。虽然现在多边贸易体制的发展遇到一些问题，特别是多哈回合谈判遇到了困难，甚至在一些问题上出现了僵局，但是，如果多边贸易体制不能继续发展，世界经济一体化的进程就会受到影响，世界经济复苏的难度就会增加，更多的贸易保护主义就会抬头。

李克强总理还说，有关国家在关键问题上要敢于作出政治决断，推进一些问题的解决，把握住早期收获的机遇，使多边贸易体制往前走，不停顿。这样就能使多边贸易安排与世界经济复苏同步推进，不发生更多的曲折，避免各种障碍，使世界各国受惠。①

2015 年 10 月 6 日，中国商务部部长高虎城在土耳其伊斯坦布尔出席 G20 贸易部长会议时提出了三项倡议：（1）增强贸易的动力。中国愿与相关国家一道，共同推进"一带一路"建设和国际产能合作，带动发展中国家的工业化进程，提高经济附加值和贸易增加值。（2）降低贸易成本。中国愿与有关国家合作，共同推进基础设施互联互通建设，降低贸易的物流成本；通过发展"互联网＋"和跨境电子商务，降低贸易的交易成本；通过共同抵制贸易保护主义，降低贸易的政策风险；通过推动贸易便利化、自由化进程，降低贸易的市场准入成本。（3）完善贸易的机制。G20 是全球经济治理的重要平台，促进经济增长是 G20 的核心任务。G20 成员国具有广泛的代表性，贸易额超过全球的 70%，因此 G20 有必要也有能力在促进全球贸易投资方面承担更多的责任，各方应积极研究将 G20 贸易部长会议机制化，使其成

---

① 《李克强：区域贸易安排不应也不能替代多边贸易安排》，新华网，2013 年 9 月 11 日。http：//news. xinhuanet. com/politics/2013 – 09/11/c_ 117331460. htm。

为年度会议。①

2014 年 3 月 23 日，商务部国际贸易谈判代表兼副部长钟山在出席"2014 年中国发展高层论坛——构建开放型经济新体制"时，为构建互利共赢的全球贸易体系提出了以下倡议：（1）积极推进多边体制的后发力谈判。多边贸易体制是全球贸易的基石。2013 年 12 月 7 日 WTO 第九届部长级会议就多哈回合"早期收获"协议达成一致，从而使多哈回合谈判实现了 12 年来首次零的突破，提升了人们对多边贸易体系的信心。中国愿意与国际社会共同努力，促进多边贸易体制朝着更加开放、更加公平、更加公正的方向发展。（2）积极推动开放、包容、透明的自由贸易区谈判，使其既有利于各参与方，又能体现对多边贸易体系的支持。（3）努力构建统一的国际投资规则，打破国际投资面临的各种壁垒。②

综上所述，中国对全球贸易治理的立场可归纳为以下 4 点：（1）任何一种自由贸易安排都应该恪守开放和包容的原则；（2）必须致力于合作共赢，反对保护主义，促进公平竞争；（3）中国愿意与国际社会加强合作，为构建更加开放、更加公平、更加公正的多边贸易体制作出贡献；（4）反对贸易保护主义。

（二）欧盟对全球贸易治理的立场

欧盟常以文字形式公布其国际贸易政策及其对全球贸易治理

---

① 《高虎城：G20 应为全球贸易投资和经济增长做出更大贡献》，中央政府门户网站，2015 年 10 月 8 日。http：//www. gov. cn/guowuyuan/2015 – 10/08/content_ 2943283. htm。

② 《钟山：构建和完善开放合作 互利共赢的全球贸易体系》，人民网，2014 年 3 月 23 日。http：//finance. people. com. cn/n/2014/0323/c1004 – 24712230. html；http：//ec. europa. eu/trade/policy/。

等问题的立场。根据欧盟委员会贸易总司网站的文字，欧盟对全球贸易治理的立场主要包括：主张构建一个公平和开放的全球贸易体系；希望加强与各贸易伙伴的合作，降低各种形式的贸易壁垒；愿意尊重国际贸易规则；呼吁发达经济体向世界上的最不发达国家开发市场，并为发展中国家充分利用贸易的优势而提供便利；强调全球贸易治理应遵循多样性原则，即国际贸易不仅应该关注关税，而且还应该关注产品标准、许可证、国内税率和投资，甚至还应该关注其贸易伙伴的人权、环境和劳工权利。①

2015 年 10 月，欧盟公布了题为《惠及所有人的贸易：更为负责任的贸易和投资政策》的重要文件。欧盟委员会贸易委员马尔姆斯特伦认为，这一文件不仅体现了欧盟的经济利益，而且还反映了欧盟的价值观。

这一文件的核心内容主要包括：

1. 强化欧盟贸易政策的有效性。欧盟的贸易政策必须适应当今世界以全球价值链为基础的经济特征。全球价值链与传统的贸易方式大不相同，因此，为了确保欧盟在全球价值链中的地位，有必要大力发展服务贸易和数字贸易，鼓励专业技术人员流动，应对贸易规则的"碎片化"（regulatory fragmentation），确保欧盟从海外获得足够的原料，鼓励和保护创新活动，快速处理海关事务。

2. 提高欧盟贸易政策的透明度。欧盟与其他贸易伙伴进行的各种贸易谈判应该被广而告之，使公众了解谈判的进程和结果。欧盟委员会有必要与成员国、欧洲议会和公民社会保持密切的沟通和磋商。此外，欧盟委员会在与任何一个贸易伙伴启动自由贸易谈判之前都应该对这一协定可能产生的各种影响进行必要的评

---

① 《钟山：构建和完善开放合作 互利共赢的全球贸易体系》，人民网，2014 年 3 月 23 日。http://finance.people.com.cn/n/2014/0323/c1004 - 24712230.html；http://ec.europa.eu/trade/policy/。

估，并公之于众。

3. 推广欧盟的价值观。欧盟的国际贸易政策不能仅仅限于贸易，而是应该被用作推广欧盟的价值观的工具。这意味着，欧洲在实施其国际贸易政策时将越来越重视其贸易伙伴的环境、人权、劳工权益和政府治理等问题。

欧盟在国际贸易舞台上居于十分显赫的地位。因此，欧盟的上述原则立场将对全球贸易治理产生不容低估的影响。①

三　中欧在全球贸易治理中加强合作的重点领域

在推动全球贸易治理的过程中，中欧双方可把以下几个问题作为合作的重点：

（一）在推进多哈回合谈判进程时加强合作。多哈回合是迄今为止议题最多、参与方最多的一轮多边贸易谈判，也是 WTO问世后启动的第一次多边贸易谈判。因此，多哈回合谈判的成败与否，不仅关系到 WTO 能否进一步向自由化推进，而且还涉及国际社会对它的信心。

中欧双方都是多边贸易体制的参与者、支持者和贡献者，都明确表示要推动多哈回合谈判进程。但是，在不少问题上，中欧在多哈回合谈判中的立场不尽相同，有些领域甚至有较大的分

①　应该注意到，在欧洲，也有人对欧盟的这一政策文件未能提及欧盟对中国和俄罗斯的政策表示失望。批评者认为，在一定程度上，这一文件的出台主要是为了回应人们对 TTIP 的批评。此外，欧盟委员会发表这一文件的动机也与马尔姆斯特伦的领导方式有关。马尔姆斯特伦的工作方式的特点是"多一些包容"，"少一些争论"。这与其前任德古赫特的咄咄逼人的姿态形成了鲜明的对比。（Iana Dreyer, "Does the new EU trade communication deserve to be called a 'strategy'?" EurActive. com, October 21, 2015. http：//www. euractiv. com/sections/trade-society/does-new-eu-trade-communication-deserve-be-called-strategy-318732）

歧。因此，这一谈判的早日结束必将有利于包括中国和欧盟成员国在内的所有 WTO 成员。这无疑是中欧双方加强合作的基础。因此，中欧双方应该充分利用自身的国际影响，最大限度地调动各自的政治智慧，加强沟通，求同存异。

2013 年 12 月 3—7 日在印度尼西亚巴厘岛举行的 WTO 第九届部长级会议终于取得了世人瞩目的"早期收获"（即"巴厘岛一揽子"协议）。其内容包括农业、贸易便利化和发展领域。中欧有必要继续加强合作，在这一"早期收获"的基础上，积极推动多哈回合剩余议题的谈判。

（二）加快中欧双边投资协定谈判进程。贸易与投资的关系密不可分。中欧双边投资协定谈判是目前世界上最重要的投资协定谈判之一，也是中国致力于承担责任、构建合理投资规则的具体体现。截至 2016 年 1 月，中欧投资协定已举行了 9 轮谈判。通过坦诚和深入的讨论，中欧双方正在逐步加深理解，缩小分歧。但是，何时完成谈判尚不得而知。中欧双方应该从全局性战略高度出发，适当加快谈判进程。

（三）敦促欧盟早日承认中国的市场经济地位。1998 年，中欧建立了面向 21 世纪的长期稳定的建设性伙伴关系；2001 年，这一关系被提升到全面伙伴关系，2003 年再次提升，成为全面战略伙伴关系。

2011 年 9 月 14 日，温家宝总理大连夏季达沃斯年会上发表演讲时指出，"不久以前，我同欧盟委员会主席巴罗佐通电话，我再一次向他明确表示，中国至今相信欧洲经济能够克服困难，中国仍然愿意扩大对欧洲的投资。但是同样我也希望，欧盟的领导人、欧洲一些主要国家的领导人也要大胆地从战略上看待中欧关系，比如承认中国完全市场经济地位。其实，按照 WTO 规则，中国完全市场经济地位到 2016 年就为全世界所承认，早几年表示出一种诚意，是一种朋友对朋友的关系。下个月我将同欧盟领导人进行会晤，我希望这次会晤能够有所突破"。但是，迄今为止，欧盟却继续拒绝承认中国的市场经济地位。

据报道，欧盟贸易委员玛姆斯托姆曾在 2014 年 12 月对《华尔街日报》记者说，2015 年初，她将就中国是否应获得市场经济地位与其他欧盟委员探讨。她还表示，"目前无法说中国满足了（欧盟确定的市场经济地位的）所有标准"①。

欧盟拒不愿意承认中国的市场经济地位，显然是一个不明智、不正确的政治决定。中国在世界经济和国际贸易中的重要地位是有口皆碑的，因此，在全球贸易治理中，中国的作用是无比巨大的。欧盟的顽固立场既不利于中欧经贸关系的发展，也不利于双方在全球贸易治理中发挥更大的作用。中方应该继续敦促欧盟改变其立场。②

（四）尽早启动中欧自由贸易协定谈判。中欧双方都奉行自由贸易政策，并已与各自的一些贸易伙伴达成了自由贸易协定。毫无疑问，这些协定会对中欧双方产生一定的贸易转移效应。因此，作为世界上最大的两个贸易体，有必要达成自由贸易协定。而且，中欧自由贸易协定也将为全球贸易治理作出贡献。

早在 2013 年 11 月举行的第十六次中欧领导人会晤中，双方就表示要"积极探讨开展自贸区可行性研究"。③ 在中欧关系不

---

① Matthew Dalton，"Malmstrom：No Automatic Market Economy Status for China in 2016"，*Wall Street Journal*，December 11，2014. http：//blogs. wsj. com/brussels/2014/12/11/malmstrom-no-automatic-market.

② 欧盟可能会在 2016 年承认中国的市场经济地位，但美国则警告欧盟"不要为了获得巨额投资而试图讨好北京"。美方认为，承认中国的市场经济地位无异于"单方面解除"欧洲对中国的贸易防御。转引自克里斯蒂安·奥利弗、肖恩·唐南《美国警告欧盟不要给予中国市场经济地位》，英国《金融时报》（中文网），2015 年 12 月 29 日。（http：//www. ftchinese. com/story/001065497）

③ 《李克强：探讨开展中欧自贸区可行性研究》，新华网，2013 年 11 月 22 日。http：//news. xinhuanet. com/fortune/2013 – 11/22/c _ 125743768. htm。

断改善和中欧投资协定谈判稳步推进的今天，启动自由贸易区的可行性研究已是水到渠成。毫无疑问，中欧自由贸易协定的谈判不会一帆风顺。

（五）积极利用"绿屋会议"这一非正式决策机制。WTO 的决策机制采用的是协商一致，即某一决定须在无反对的条件下方能获得通过。这一决策机制利弊参半。有利之处是 WTO 的每一个成员（包括发展中国家在内）都能获得相同的反对权，从而使其利益受到一定程度的保护；不利之处是各方讨价还价的冗长程序损害了 WTO 的决策效率。

如果 WTO 的决策机制采用投票制，中欧双方都不会受到很大的负面影响，因为它们在国际贸易领域的地位是举足轻重的。但是，毋庸置疑，WTO 决策机制的重大调整并非一蹴而就。

在协商一致的条件下，大国的"强势"优势依然发挥着重要作用。因此，一方面，中欧双方不宜立即放弃 WTO 奉行的协商一致的原则；另一方面，为了充分发挥各自的"强势"优势，中欧双方有必要积极利用"绿屋会议"这一非正式决策机制，在对重大问题表态以前进行必要的协商和沟通。

（六）加强双方在"一带一路"倡议中的合作。2015 年 3 月 28 日中国国家发展和改革委员会、外交部、商务部联合发布的《推动共建丝绸之路经济带和 21 世纪海上丝绸之路的愿景与行动》（以下简称《愿景与行动》）指出，"一带一路"的合作重点是"五通"，其中之一是"贸易畅通"。为了实现"贸易畅通"，《愿景与行动》为中国与"一带一路"沿线的 60 多个国家确定了数十个合作领域，其中包括：推动 WTO《贸易便利化协定》的生效和实施、改善边境口岸通关设施条件、降低非关税壁垒、共同提高技术性贸易措施透明度、提高贸易自由化便利化水平、拓宽贸易领域、优化贸易结构、挖掘贸易新增长点、促进贸易平衡以及创新贸易方式，等等。

"一带一路"沿线国家有 60 多个。毫无疑问，《愿景与行动》

提出的上述合作领域如能全部落实，必将对全球贸易治理产生重大影响。这也一定程度上说明，"一带一路"为中欧在推动全球贸易治理的过程中开辟了一个新的合作领域。

中欧双方对彼此重大倡议（即中方的"一带一路"倡议以及欧洲投资计划）抱有浓厚兴趣。在第十七次中国欧盟领导人会晤期间，双方领导人决定支持"一带一路"倡议与欧洲投资计划进行对接，并指示在 2015 年 9 月举行的中欧经贸高层对话探讨互利合作的具体方式，包括通过建立中欧共同投资基金。

2015 年 6 月 6 日，中国与匈牙利签署了关于共同推进"一带一路"建设的谅解备忘录。这是中国同欧洲国家签署的第一个与"一带一路"有关的合作文件。此后，中国与捷克等国也签署了类似的文件。为彰显中欧在"一带一路"建设中加强合作的政治决心，中国有必要与更多的欧盟成员国签署类似的谅解备忘录或联合声明。

（七）敦促欧盟应为中国正式参与服务贸易协定（Trade in Services Agreement，TiSA）谈判提供帮助。在目前的全球贸易治理中，TiSA 谈判颇为引人注目，因为这一谈判成功后，将有一整套的规则适用于服务业和服务业贸易。这对 WTO 乃至全球贸易治理的影响是巨大的。

中国政府已在 2013 年 9 月 30 日正式宣布参加服务贸易协定（Trade in Services Agreement，TiSA）谈判。中国商务部发言人表示，"中国将在谈判中坚持开放性和平等性原则，与所有谈判参与方共同努力推进谈判，并促使谈判成果最终实现多边化，为多边化贸易谈判注入更多的活力"[1]。这意味着，中国政府充分认识到服务业和服务贸易对经济增长和社会发展的重要性。此外，

---

[1] 《商务部：中国正式宣布参加服务贸易协定谈判》，新华网，2013 年 10 月 17 日。http://news.xinhuanet.com/fortune/2013 – 10/17/c_ 1255 55957. htm。

中国已经成为世界上的服务贸易第三大国。因此，中国参与 TiSA 谈判，必将是一种实实在在的双赢。

服务业和服务业贸易同样为欧盟经济作出了重大贡献。事实上，欧盟是世界上最大的服务业贸易出口方。① 因此，中国参与 TiSA 谈判，对欧盟的影响是显而易见的。

2014 年 3 月 31 日中国国家主席习近平访问欧盟总部期间，中欧双方发表了《关于深化互利共赢的中欧全面战略伙伴关系的联合声明》。该声明指出，"欧盟大力支持中国尽快参加《服务贸易协定》谈判。双方认为中国参加谈判是《服务贸易协定》未来实现多边化的重要一步"②。

目前参与 TiSA 谈判的共有 23 个经济体，其中欧盟代表 28 个成员国参加谈判。由此可见，欧盟的影响力是不容低估的。中方有必要敦促欧方采取实际行动，使中方尽快参与 TiSA 谈判。众所周知，美国对中方进入 TiSA 谈判进程心存芥蒂。因此，欧盟可以向美国施加或大或小的压力，使美国改变对中国的立场。此外，欧盟还可向中国及时通报 TiSA 谈判的有关情况，使中国有备无患地在未来正式参与谈判进程。

四　小结

当前国际贸易体系存在着以下缺陷和弊端：多哈回合久拖不决，损害了 WTO 的声望和影响力；WTO 的决策机制效率低下，一些规则缺乏公正性，而且无法适应全球价值链的快速发展；发展中国家的贸易能力得不到重视。

---

① "Questions and answers：Facilitating trade in services". http：// ec. europa. eu/trade/policy/in-focus/tisa/questions-and-answers/.

② 《关于深化互利共赢中欧全面战略伙伴关系的联合声明》，中央政府门户网站，2014 年 3 月 31 日。http：//www. gov. cn/xinwen/2014 - 03/ 31/content_ 2650712. htm。

　　在推动全球贸易治理的过程中，中欧双方可把以下几个问题作为合作的重点：在推进多哈回合谈判进程时加强合作；加快中欧双边投资协定谈判进程；敦促欧盟早日承认中国的市场经济地位；尽早启动中欧自由贸易协定谈判；积极利用"绿屋会议"这一非正式决策机制；加强双方在"一带一路"倡议中的合作；敦促欧盟为中国正式参与服务贸易协定谈判提供帮助。

第四章 中欧在全球金融治理中的合作

世界各地经常发生的金融危机与多种原因有关，其中之一就是国际金融体系存在着不容忽视的弊端。这些弊端使每一个国家都成为受害者，唯一的差异就是受害的程度不同而已。因此，如何最大限度地消除上述弊端，已成为全球治理的重要组成部分。

中欧的金融体系处于不同的发展水平，但都或多或少地受到上述弊端的负面影响。因此，中欧加强在全球金融治理的过程中加强的必要性是显而易见的。

一 强化全球金融治理的必要性

英国《经济学家》（1995 年 8 月 26 日）杂志认为，1994 年 12 月墨西哥爆发的金融危机（又名"比索危机"）是"新兴市场时代"出现后世界上爆发的第一次影响力极大的金融危机。这一危机既是墨西哥国内政治经济因素不断恶化的结果，也与当时全球金融治理不力和国际金融体系中存在的问题有关。因此，翌年在加拿大东部城市哈利法克斯召开的七国集团首脑会议为改革国际金融体系提出了五点建议：（1）国际货币基金组织应该强化对成员国的监督，对不愿意调整政策的国家发出"坦率的告诫"；（2）IMF 应该确定成员国公布其经济数据和金融数据的标准；（3）IMF 应该使成员国在面临危机时能够快速地得到援助；

（4）十国集团（即"巴黎俱乐部"）成员国政府和其他一些发达国家应该为 IMF 增资；（5）十国集团应该提出一些预防和解决金融危机的方法。①

1997 年东亚金融危机爆发后，国际上再次出现了强化全球金融治理和改革国际金融体系的呼声。这一危机表明，当时的国际金融体系主要面临着以下问题：国际货币体系在汇率制度和国际收支调节机制上的"无序"，与巨额国际资本流动（尤其是短期资本流动）之间的矛盾，导致世界上主要货币的汇率大幅度波动。此其一。其二，以自由化为基础的国际金融市场得不到有效的监管，从而进一步加剧了短期资本流动的破坏性。② 2007 年美国次贷危机诱发的国际金融危机被誉为冲击全球每一个角落的"金融海啸"。这一危机再次说明，国际金融体系的弊端及其危害性不容低估。这一弊端主要体现在以下几个方面：

（一）全球范围内储备货币的需求与供应难以实现平衡。众所周知，在布雷顿森林体系时期，国际货币体系以美元和黄金为基础。当时，作为国际货币，美元在获得巨大利益的同时也承担相应的责任，即美元与黄金挂钩。布雷顿森林体系解体之后，国际货币体系实际上处于"无体系"的混乱之中。美元在享受国际货币地位的同时并未承担相应的责任。以主权信用货币作为主要国际储备货币，在历史上委实绝无仅有。

美元的特殊地位使美国联邦储备委员会（美联储）成为世界流动性的主要提供者。但是，美元的汇率常受美国国内宏观经济政策的影响。换言之，美联储在决定美元的供给及货币政策时，并不充分考虑其他国家对美元需求的变化。无怪乎美联储的货币

---

① 根据 7 国集团首脑会议的要求，十国集团组建了一个工作组，由比利时人让－雅克斯·雷率领，在东亚金融危机爆发前一年完成了工作报告。

② 刘明康主编：《2000—2001 年国际金融报告》，经济科学出版社 2001 年版，第 17 页。

政策时常会对其他国家（尤其是发展中国家）产生或大或小的负面影响。

毫无疑问，全世界为现行货币体系付出的代价超出了从中获取的收益。而且，不仅储备货币的使用国要承担巨大无比的风险，发行国也在付出日益增大的代价。危机未必是储备货币发行当局的故意行为使之然，但与当前国际货币体系的制度性缺陷密切相关。因此，正如中国人民银行行长周小川所期待的，只有创造性地改革和完善现行国际货币体系，推动国际储备货币向着币值稳定、供应有序、总量可调的方向完善，才能从根本上维护全球经济金融稳定。①

（二）发展中国家（尤其是新兴经济体）在国际金融机构中的代表性和发言权不足。最近二三十年，世界经济领域发生了重大变化。其中之一就是以美国为首的发达国家的相对实力有所下降，中国等新兴经济体的相对实力显著上升。根据世界银行的统计，根据购买力平价计算的 GDP，中国在 2014 年已高达 18.02 万亿美元，美国为 17.42 万亿美元，居世界第二，印度为 7.39 万亿美元，名列世界第三位，巴西和印度尼西亚分别为第七大经济体和第八大经济体。②

但是，新兴经济体在 IMF 等国际金融机构中的地位与其相对实力的变化并不般配。如下表所示，中国的份额和投票权与其经济大国的地位是极不相称的。无怪乎世界银行前行长佐利克也表示，现在是改变世界银行和 IMF 代表权比例的时候了，中国等一些新兴经济体在这两个机构中的代表权将会得到"公正和充分"

---

① 周小川：《关于改革国际货币体系的思考》，2009 年 3 月 23 日。http：//www. pbc. gov. cn/hanglingdao/128697/128719/128772/825742/index. html。

② "GDP ranking，PPP based. " http：//data. worldbank. org/data-catalog/GDP-PPP-based-table.

的体现。①

表 4 - 1　　　世界上主要国家的 IMF 份额比重和投票权比重　　　（%）

	份额比重			投票权比重		
	2011 年 3 月 2 日	2008 年 改革后	2010 年 改革后	2011 年 3 月 2 日	2008 年 改革后	2010 年 改革后
美国	17.07	17.66	17.40	16.72	16.72	16.47
日本	6.12	6.55	6.46	6.00	6.22	6.14
德国	5.98	6.11	5.58	5.86	5.80	5.31
法国	4.94	4.50	4.23	4.84	4.28	4.02
英国	4.94	4.50	4.23	4.84	4.28	4.02
中国	3.72	3.99	6.39	3.65	3.80	6.07

资料来源：http://www.imf.org/external/np/sec/memdir/members.aspx。

2010 年 11 月 5 日，IMF 执行董事会就通过了份额改革方案。这一改革完成后，中国的份额将从 3.72% 升至 6.39%，投票权也将从 3.65% 扩大到 6.07%，超过德国、法国和英国，仅位居美国和日本之后。② 根据这一改革方案，虽然美国的投票权（16.75%）有所下降，但继续保持超过 15% 的重大决策否决权。

IMF 的份额和投票权理应反映国际经济格局的现实及大国经济实力的消长。因此，中国和其他一些新兴经济体在该机构中的地位的变化，是一种合情合理的必然结果。直到 2015 年 12 月 18

① 转引自《世行行长：中国等新兴经济体应享有"公正和充分"的代表权》，新华网，2009 年 4 月 27 日。http://news.xinhuanet.com/world/2009-04/27/content_11264545.htm。

② 《IMF 总裁：中国在国际货币基金组织投票权将升第三》，中国网，2010 年 11 月 6 日。http://www.china.com.cn/international/txt/2010-11/06/content_21286155.htm。

日，美国国会才批准 IMF 份额和治理改革方案。

（三）金融监管不力。长期以来，国际上不少金融机构为谋求利润的最大化而充分利用金融全球化和金融创新的优势，盲目追求业务的过度扩张，使自身面临着岌岌可危的风险。甚至是那些被称作"大而不能倒"的"系统重要性金融机构"（Systemically important financial institution）也走上了自我膨胀的发展道路。2008 年 9 月雷曼兄弟公司的倒闭就是一个惨痛的教训。

1850 年诞生的雷曼兄弟公司是美国第四大投资银行。它的倒闭被视为标志着"一个时代的过去和一个时代的开始"的转折点。[1] 这一惨剧的根源是多方面的，其中之一就是金融监管不到位。[2] 在 2010 年 4 月 20 日美国国会的一次关于雷曼兄弟公司为什么倒闭的听证会上，美国证券交易委员会主席玛丽·夏皮罗列举了 8 个原因，其中多个与监管不力有关。她说，"传统的金融监督和监管有助于避免系统性风险的发展，但这一监管结构却未

① 李静瑕、聂伟柱：《雷曼兄弟倒闭五周年研讨会：回望金融危机》，《第一财经日报》，2013 年 9 月 30 日。http：//www. yicai. com/news/2013/09/3035589. html。

② 2013 年 9 月 16 日，中国人民银行行长周小川行长在中国金融学会与中国社会科学院经济学部召开的"回望金融危机——雷曼兄弟倒闭五周年研讨会"上说，加强对大型金融机构的监管是发展趋势。尤其在国际金融危机爆发后，金融机构"大而不能倒"问题引起了国际社会的广泛关注。金融稳定理事会和巴塞尔委员会不断讨论如何完善巴塞尔协议，以便对"系统重要性金融机构"实施更高的监管标准。这两个机构已公布了全球范围内 28 家"系统重要性金融机构"的名单，并允许各国根据本国情况制定本国的"系统重要性金融机构"的标准。转引自张林《反思危机教训 探索未来金融新秩序："回望金融危机——雷曼兄弟倒闭五周年研讨会"在京召开》，中国金融网，2013 年 9 月 24 日。http://www. cnfinance. cn/articles/2013 – 09/24 – 17981. html。

能发现和处理过去几年不断积聚的风险"①。

（四）全球范围内的资本流动缺乏稳定性。金融全球化和金融自由化趋势的稳步推进以及通信技术和金融创新的迅速发展，使全球范围内的资本流动速度越来越快。这一特点有利于世界各国充分利用外部资金，但也对宏观经济管理造成巨大的冲击。金融体系较为脆弱的发展中国家受资本流动大进大出的负面影响尤为明显。许多学者认为，大规模的资本流入必然伴随着"骤停"（sudden stops），从而诱发货币危机、银行危机、金融危机或其他形式的经济危机。②

在跨境资本流动中，危害性最大的是短期资本的大进大出。短期资本具有投机性强、流动性大、停留时间短、反应快、灵敏度高和隐蔽性好等特点。它的投资对象主要是外汇、股票及其金融衍生产品市场。每当国内外政治、经济形势发生变化，这种资本就会溜之大吉，从而使东道国处于非常被动的局面。2015年9月2日英国《金融时报》（中文版）发表的一篇文章认为，"在盈利预期驱动下，国际资本的大进大出会对一国的金融体系乃至宏观经济带来冲击，而这可能通过外汇市场实现，也可能作用于股市、房市等资产市场。'大进'可以推高市场、促进繁荣，'大出'却可能压低价格、毁灭财富。在金融杠杆和羊群效应的作用下，市场的非理性上升可能带来严重的资产泡沫，从而为同样非

① Testimony Concerning the Lehman Brothers Examiner's Report by Chairman Mary L. Schapiro, U. S. Securities and Exchange Commission, before the House Financial Services Committee, April 20, 2010. http://www.sec.gov/news/testimony/2010/ts042010mls.htm.

② Guillermo A Calvo, "Capital Flows and Capital-Market Crises: The Simple Economics of Sudden Stops", *Journal of Applied Economics*, No. 1 (1998): 35 – 54; Carmen M Reinhart, Vincent Reinhart, "From capital flow bonanza to financial crash", October 23, 2008; Carmen M Reinhart, Vincent Reinhart, "Capital Flow Bonanzas: An Encompassing View of the Past and Present", CEPR Discussion Paper 6996, October 2008.

理性的暴跌埋下伏笔。最终的结果往往是国际投资者携暴利离场，东道国金融市场却在重创之下一蹶不振"①。

虽然主张对资本流动征税的呼声时有所闻，但反对之声同样不容低估。因此，最现实而有效的应对措施可能就是加强对各种资本（尤其是短期资本）流动的监管，最大限度地降低其危害性。

国际金融体系的上述弊端使每一个国家都成为受害者，唯一的差异就是受害的程度不同而已。因此，如何最大限度地消除上述弊端，已成为全球治理的重要组成部分。

中欧的金融体系处于不同的发展水平，但都或多或少地受到上述弊端的负面影响。因此，中欧加强在全球金融治理的过程中加强的必要性是显而易见的。

二　中欧对全球金融治理的立场

中国是国际金融体系改革的倡导者和支持者。早在 2008 年 11 月举行的 G20 华盛顿峰会上，中国国家主席胡锦涛就提出了改革国际金融体系的具体措施：（1）加强国际金融监管合作，完善国际监管体系；（2）推动国际金融机构的改革，提高发展中国家在国际金融组织中的代表性和发言权；（3）鼓励区域金融合作，充分发挥地区资金救助机制作用；（4）改善国际货币体系，稳步推进国际货币体系多元化。②

在 2009 年 4 月举行的 G20 伦敦峰会上，胡锦涛主席呼吁各

---

① 梁国勇：《全球货币政策新范式与中国资本项目开放》，英国《金融时报》（中文网），2015 年 9 月 2 日。http://www.ftchinese.com/story/001063762？full = y。

② 《胡锦涛 G20 峰会发表讲话 提出四项改革举措》，新华网，2008 年 11 月 17 日。http://news.xinhuanet.com/fortune/2008 – 11/17/content_10368553.htm。

方抓紧落实华盛顿峰会达成的重要共识，坚持全面性、均衡性、渐进性、实效性的原则，推动国际金融秩序不断朝着公平、公正、包容、有序的方向发展。为了实现这一目标，他提出了6点要求：（1）加强金融监管合作，尽快制定普遍接受的国际金融监管标准和规范，完善评级机构行为准则和监管制度，建立覆盖全球特别是主要国际金融中心的早期预警机制，提高早期应对能力；（2）国际金融机构应该增强对发展中国家的救助，有关国际和地区金融机构应该积极拓宽融资渠道，通过多种方式筹集资源；（3）金融稳定论坛应该发挥更大作用；（4）IMF应该加强和改善对各方特别是主要储备货币发行经济体宏观经济政策的监督，尤其应该加强对货币发行政策的监督；（5）改进IMF和世界银行治理结构，提高发展中国家代表性和发言权；（6）完善国际货币体系，健全储备货币发行调控机制，保持主要储备货币汇率相对稳定，促进国际货币体系多元化、合理化。①

在2009年9月的G20匹兹堡峰会上，胡锦涛主席再次希望坚定不移推进国际金融体系改革。他说，二十国集团领导人在前两次金融峰会上达成了推进国际金融体系改革的政治共识，这是我们向全世界作出的庄严承诺。现在，国际经济金融形势有所好转，但我们推进改革的决心不能减弱、目标不能降低。我们应该落实伦敦峰会确定的时间表和路线图，着力提高发展中国家代表性和发言权，不断推动改革取得实质性进展。我们应该完善国际金融机构现行决策程序和机制，推动各方更加广泛有效参与。我们应该推进国际金融监管体系改革，改革应该触及最根本的监管原则和目标，未来金融监管体系要简单易行、便于问责。我们应该加强金融监管合作，扩大金融监管覆盖面，尽快制定普遍接受

---

① 《胡锦涛在二十国集团领导人第二次金融峰会上的讲话》，新华网，2009年4月3日。http：//news. xinhuanet. com/newscenter/2009 - 04/03/content_ 11122834. htm。

的金融监管标准，高质量落实各项改革措施。①

在 2010 年 6 月的 G20 多伦多峰会上，胡锦涛主席呼吁"加快建立公平、公正、包容、有序的国际金融新秩序"。他说："我们应该牢记国际金融危机的深刻教训，正本清源，对症下药，本着简单易行、便于问责的原则推进国际金融监管改革，建立有利于实体经济发展的国际金融体系。要建立并执行严格的资本和杠杆率要求，将影子银行体系纳入监管，制定全球统一的会计准则。要着力加强对系统重要性金融机构的监管，采取必要的预防性措施，防止风险投机过度。要强调国际监管核心原则和标准的一致性，同时要充分考虑不同国家金融市场的差异性，提高金融监管的针对性和有效性。要加强对信用评级机构的监管，减少对信用评级机构的依赖，完善信用评级机构行为准则和问责制度，特别是要制定客观、公正、合理、统一的主权信用评级方法和标准，使有关评级结果准确反映一国经济状况和信用级别。要继续推进国际金融机构改革，加快完成国际货币基金组织份额调整，推动更多新兴市场国家和发展中国家人员出任国际金融机构高管，提高发展中国家代表性和发言权。要加强国际货币基金组织能力建设和监督改革，加强对各方特别是主要储备货币发行经济体宏观经济政策的监督。"②

在 2010 年 11 月举行的 G20 首尔峰会上，胡锦涛主席说："今年，世界银行投票权和国际货币基金组织份额的两项改革都取得了进展，应该按照已确定的时间落实到位。国际金融机构改革是长期和动态的过程，份额和投票权改革只是一个起点，还有

---

① 《胡锦涛在二十国集团领导人第三次金融峰会上的讲话》，新华网，2009 年 9 月 26 日。http：//news. xinhuanet. com/politics/2009 - 09/26/content_ 12112502. htm。

② 《胡锦涛在二十国集团领导人第四次金融峰会上的讲话》，新华网，2010 年 6 月 27 日。http：//news. xinhuanet. com/world/2010 - 06/27/c_ 12269632_ 2. htm。

许多任务尚未完成。我们应该继续推动以公平择优为原则选择国际金融机构管理层，提高发展中国家中高层管理人员比例，填补发展中国家在国际金融机构制度框架中的管理缺口。我们应该推动国际货币基金组织加强资本流动监测预警，防止资金大进大出对单个经济体的破坏性冲击。加强国际金融监管应该着眼于平衡金融监管和金融创新、政府干预、市场调节的关系，致力于解决国际金融体系中存在的系统性、根源性问题，使金融体系依靠、服务、促进实体经济发展；坚持高标准、严要求，跟踪评估各成员执行新监管标准情况；加强对信用评级机构、影子银行体系和跨境资本流动的监管。我们应该完善国际货币体系，建立币值稳定、供应有序、总量可调的国际储备货币体系，主要储备货币发行经济体应该实施负责任的政策、保持汇率相对稳定，增强新兴市场国家和发展中国家应对金融风险能力，缓和并逐步解决造成外汇流动性风险的根本矛盾。"[1]

在 2011 年 11 月举行的 G20 戛纳峰会上，胡锦涛主席指出，国际金融危机凸显了全球经济治理体系的弊端，也促使我们开启了推进全球经济治理新体系建设的历史进程。我们注意到，国际金融机构和金融监管改革取得一定进展，新兴市场国家和发展中国家代表性和发言权有所增加。同时，我们也应该看到，国际货币体系、国际贸易体系、大宗商品价格形成机制等仍需大力改革和完善。我们应该稳妥推进国际货币体系改革，扩大国际货币基金组织特别提款权（SDR）的使用，改革其货币"篮子"的组成，建立币值稳定、供应有序、总量可调的国际储备货币体系。[2]

---

[1]　《胡锦涛在二十国集团领导人第五次金融峰会上的讲话》，新华网，2010 年 11 月 12 日。http：//news. xinhuanet. com/world/2010 – 11/12/c_ 12766973. htm。

[2]　《胡锦涛在二十国集团领导人第六次金融峰会上的讲话》，新华网，2011 年 11 月 4 日。http：//news. xinhuanet. com/world/2011 – 11/04/c_ 122235131. htm。

在 2012 年 6 月举行的 G20 洛斯卡沃斯峰会上，胡锦涛主席再次强调，要坚定不移深化国际金融体系改革。他说："建立公平、公正、包容、有序的国际金融体系，对世界经济健康稳定增长十分重要。我们应该推动国际金融体系改革进一步深入，当务之急是落实好 IMF 2010 年份额和治理改革方案，为国际货币基金组织提供长期稳定的资金来源。中方赞同增加国际货币基金组织资源，提高其应对危机和紧急救助能力，以更好履行维护全球经济金融稳定职责。我们应该提高国际金融机构负责人遴选程序的透明度和合理性，增加发展中国家代表性和发言权。我们应该加强国际金融监管，使金融体系更好地服务和促进实体经济发展。我们应该完善国际货币体系，扩大国际货币基金组织特别提款权使用并改善其货币"篮子"的组成，建立币值稳定、供应有序、总量可调的国际储备货币体系。"①

在 2013 年 9 月举行的 G20 圣彼得堡峰会上，习近平主席指出，要继续改革国际金融机构，各有关国家要进一步抓紧落实好 IMF 份额和治理改革方案。要制定反映各国经济总量在世界经济中权重的新份额公式。要继续加强国际金融市场监管，使金融体系真正依靠、服务、促进实体经济发展。要建设稳定、抗风险的国际货币体系，改革 SDR 货币篮子组成，加强国际和区域金融合作机制的联系，建立金融风险防火墙。中国支持加强多边反避税合作，愿为健全国际税收治理机制尽一份力。②

在 2014 年 11 月举行的 G20 布里斯班峰会上，习近平主席说："今年是布雷顿森林会议 70 周年，各方都在总结布雷顿森林

---

① 《胡锦涛在二十国集团领导人第七次金融峰会上的讲话》，新华网，2012 年 6 月 19 日。http：//news. xinhuanet. com/world/2012 - 06/19/c_112248588. htm。

② 《习近平在二十国集团领导人第八次金融峰会第一阶段会议上的发言》，新华网，2013 年 9 月 6 日。http：//news. xinhuanet. com/world/2013 - 09/06/c_ 117249618. htm。

体系的经验，进一步完善全球经济治理。我们要以此为契机，建设公平公正、包容有序的国际金融体系，提高新兴市场国家和发展中国家的代表性和发言权，确保各国在国际经济合作中权利平等、机会平等、规则平等。要加快并切实落实国际货币基金组织改革方案，加强全球金融安全网。金砖国家宣布成立开发银行和应急储备安排，亚洲二十多个国家发起建立的亚洲基础设施投资银行，这是对国际金融体系的有益补充。"①

　　在 2015 年 11 月举行的 G20 安塔利亚峰会第二阶段会议上，与会者呼吁尽快落实 IMF 改革方案。习近平主席在会上指出，IMF 改革的目标是提高新兴市场国家和发展中国家代表性和发言权。中方欢迎 IMF 近日报告关于将人民币纳入 SDR 货币篮子的建议。②

　　在其他重要场合，中国领导人同样表达了对全球金融治理的立场。如在 2013 年 4 月举行的博鳌亚洲论坛上，习近平主席指出，要稳步推进国际经济金融体系改革，完善全球治理机制，为世界经济健康稳定增长提供保障。③ 在 2014 年 11 月举行的 G20 布里斯班峰会上，习近平主席要求各方总结布雷顿森林体系的经验，进一步完善全球经济治理，并以此为契机，建设公平公正、包容有序的国际金融体系，提高新兴市场国家和发展中国家的代表性和发言权，确保各国在国际经济合作中权利平等、机会平等、规则平等。他还希望加快并切实落实 IMF 改革方案，加强全

---

　　① 《习近平在二十国集团领导人第九次金融峰会第一阶段会议上的发言》，新华网，2014 年 11 月 15 日。http：//news. xinhuanet. com/world/2014 – 11/15/c_ 1113263795. htm。

　　② 《习近平出席二十国集团领导人第十次金融峰会第二阶段会议》，新华网，2015 年 11 月 16 日。http：//news. xinhuanet. com/world/2015 – 11/16/c_ 1117160178. htm。

　　③ 《习近平主席在博鳌亚洲论坛 2013 年年会上的主旨演讲》，新华网，2013 年 4 月 7 日。http：//news. xinhuanet. com/politics/2013 – 04/07/c_ 115296408. htm。

球金融安全网。[1]

欧盟委员会在每一届 G20 峰会之前都会发表政策文件，表达其对各种重大问题的立场。欧盟对全球金融治理的立场可归纳为以下几点：（1）应该对国际金融体系的治理结构进行改革，新的国际金融体系必须以负责任的、透明度高的原则为基础，而且还应该根据世界经济的变化，增加"代表性不足"的国家的份额和投票权；（2）为了提高 IMF 的合法性、信誉和效率，有必要尽快地、全面地落实 2010 年确定的 IMF 配额和治理改革方案；[2]（3）应该扩大 IMF 的资金规模，以便更加有力地帮助陷入危机的成员国克服危机或减少危机的严重性；[3]（4）IMF 应为预防危机发挥更大的作用，包括为避免过度高风险的金融行为（如债务证券化）而设立有效的制度安排及金融风险的预警体系；（5）为减少金融风险，必须对所有金融机构（包括信用评级公司）及其金融产品加以有效的监管，具有系统重要性的金融机构和评级公司更不应该逃避监管；（6）强化 IMF、成员国和金融稳定理事会（Financial Stability Forum）三方的合作，以确保各种金融风险能被及早发现和消融；（7）银行体系在刺激经济复苏的过程中发挥重要作用，因此必须强化银行体系的长期性活力，改善其资产平衡表；（8）修改不利于规避金融风险的会计准则，以避免金融泡沫的出现；（9）必须为金融企业的高级管理人员制定恰如其分的薪

---

[1] 《习近平在二十国集团领导人第九次金融峰会第一阶段会议上的发言》，新华网，2014 年 11 月 15 日。http：//news. xinhuanet. com/world/2014 - 11/15/c_ 1113263795. htm。

[2] 欧盟所有成员国都已批准这一改革方案。

[3] 在 G20 匹兹堡峰会上，欧盟表示，将向总额为 5000 亿美元的"新借款安排"（New Arrangements to Borrow）提供 1250 亿欧元（占这一"资金池"总额的 35%）。参见 Informal Meeting of EU Heads of State or Government on 17 September 2009：Agreed Language for the Pittsburgh G20 Summit, Brussels, 17 September 2009。http：//www. consilium. europa. eu/uedocs/cms_ data/docs/pressdata/en/ec/110166. pdf。

酬政策；（10）金融监管既要在国家层面上进行，也要在国际层面上以国际合作的形式实施，监管的方式和力度应该采用统一的国际标准；（11）积极探讨在国际层面上对国际金融交易征税的可能性；（12）G20 应该在全球金融治理中发挥更大的作用，如敦促 IMF 的其他成员尽快批准 IMF 的 2010 年改革方案；（13）要打击各种金融犯罪活动，严禁为恐怖主义分子提供金融服务；（14）目前 IMF 的管理层既能体现较为广泛的代表性和包容性，也能确保较为高效的运转，但高层管理人员的甄选机制也应该进一步完善，并要加大整个甄选过程的透明度，以反映世界各国经济实力的变化。（15）在推动国际金融体系改革时必须考虑到 21 世纪的各种挑战，如食品安全、扶贫、气候变化、自由贸易及多哈回合。①

英国和法国分别在 2009 年和 2011 年担任 G20 轮值主席国。受当时国际金融危机形势的影响，这两次峰会的重点是如何刺激世界经济复苏，但全球金融治理也是会议讨论的另一个重要议题。英国首相布朗和法国总统萨科齐为两次峰会的召开作出了不

---

① Informal Meeting of Heads of State or Government on 7 November 2008：Agreed Language, Brussels, November 7, 2008. http：//www. consilium. europa. eu/ueDocs/cms_Data/docs/pressData/en/misc/1038 73. pdf. Brussels European Council 19/20 March 2009-Presidency Conclusions http：//www. consilium. europa. eu/uedocs/cms _ data/docs/pressdata/en/ec/106809. pdf. Informal Meeting of EU Heads of State or Government on 17 September 2009：Agreed Language for the Pittsburgh G20 Summit, Brussels, 17 September 2009. http：//www. consilium. europa. eu/uedocs/cms _ data/docs/pressdata/en/ec/110166. pdf. President Herman Van Rompuy：Joint Letter with European Commission President José Manuel Barroso on EU Priorities for the G20 Summit, June 23, 2010. http：//www. consilium. europa. eu/uedocs/cms _ data/docs/pressdata/en/ec/115454. pdf. G20 Summit：Joint Letter of Presidents Barroso and Van Rompuy to G20 Leaders, Brussels, 5th November, 2010. http：//europa. eu/rapid/pressReleasesAction. do？reference = MEMO/10/546&type = HTML.

懈的努力。

根据中法两国元首达成的原则共识，法国主办的"国际货币体系研讨会"于 2011 年 3 月 31 日在南京举行。法国总统萨科齐出席研讨会开幕式并致辞。会议认为，现行国际货币体系存在缺陷，国际社会应抓住国际金融危机提供机遇，尽早明确改革方向，逐步落实。①

事实上，早在 2009 年 7 月的八国集团峰会记者招待会上，萨科齐总统就表达了改革国际金融体系的愿望。他说："一个政治上多极化的世界"应该实现"货币多元化"。他认为，"美元霸权属于二战结束后美国在政治、经济上都是世界超级大国的时代，而如今，美元一统天下已经过时了"。② 当美国在 2014 年 5月决定对法国最大的商业银行（法国巴黎银行）因在 2002 年至2009 年期间协助伊朗和苏丹等国规避美国经济制裁而罚款后，法国财政部长米歇尔·萨潘表示，有必要对国际支付使用的货币实行"再平衡"，即"使用多种货币"。③

拉加德在出任国际货币基金组织总裁之前曾说过，为了促进

---

① 《二十国集团国际货币体系研讨会 31 日在南京举行》，中央政府门户网站，2011 年 4 月 1 日。http：//www. gov. cn/gzdt/2011 – 04/01/content_ 1836520. htm。

② 《萨科齐呼吁就改革国际货币体系进行讨论》，新华网，2009 年 7月 10 日。http：//news. xinhuanet. com/fortune/2009 – 07/10/content _ 11685571. htm。

③ 萨潘说，"我们（欧洲人）把东西卖给欧洲人时用美元计价。例如，我们把飞机卖给我们自己时用美元计价。这有必要吗？我认为没有必要用美元计价。我认为再平衡是可能的，也是必要的。这一再平衡不仅有利于欧元，而且还有利于新兴经济体的重要货币。新兴经济体在全球贸易中的比重不断扩大。"转引自 Michael Stothard，"France hits out at dollar dominance in international transactions"，*Financial Times*，July 6，2014。http：//www. ft. com/intl/cms/s/0/883e7912 – 0513 – 11e4 – b098 – 00144 feab7de. html#axzz3tVT33rC4。

全球经济增长和维护金融稳定，拥有 187 个成员的 IMF 应该采取一些更为反应灵敏的、更有合法性的、考虑到各方利益的行动。①

三　中欧在全球金融治理中加强合作的方式方法

作为世界经济中的两大经济体，中欧有必要在改革国际金融体系的过程中通过以下方式加强合作。

（一）加快人民币在欧洲的国际化进程。近几年，随着中欧经贸关系的发展，人民币在欧洲的国际化进程稳步推进。除美元、日元、澳大利亚元和新西兰元以外，英镑和欧元也可以与人民币直接交易。2013 年 6 月，中国人民银行与英格兰银行签署了规模为 2000 亿元人民币/200 亿英镑的中英双边本币互换协议。这意味着，英国是最早与中方签署此类协议的七国集团成员。2014 年 6 月以来，中国已先后与伦敦、法兰克福、巴黎和卢森堡设立了人民币清算行。同年 10 月，英国财政部发行首只人民币主权债券，规模为 30 亿元人民币，期限为三年。这是首只由西方国家发行的人民币主权债券。

人民币国际化既有利于提升中国的软实力，也有利于削弱美元的霸权地位。因此，为了实现上述目标，有必要与欧洲加强合作，在以下领域加快人民币国际化进程：（1）建立更多的人民币清算行；（2）进一步健全人民币合格境外投资者（RQFII）制度；（3）签署更多的双边本币互换协议；（4）发行更多的人民币主权债券；（5）使人民币与欧盟内其他非欧元区成员国的货币进行直接交易；（6）保障欧元区银行人民币的持续供应。

（二）继续坚定支持欧元的稳定。欧洲货币联盟的诞生是布

---

① "France's Lagarde makes case for IMF top job", France 24, June 24, 2011. http：//www. france24. com/en/20110623-economy-france-washington-christine-lagarde-makes-her-case-to-imf/.

雷顿森林体系问世后国际货币体系中最大的历史性进步。欧元的存在及其稳定性有利于推动国际储备货币的多元化，有利于削弱美元的霸权地位，有利于维护新兴经济体和中国的利益。

中国政府领导人曾多次表示，中方愿意以实际行动支持欧方应对主权债务危机。中国外交部发言人在 2012 年 6 月 18 日的记者会上表示，中方始终支持欧盟和欧元区应对主权债务问题的努力，对欧盟和欧元区经济抱有信心。[①] 2014 年 4 月发表的《中国对欧盟政策文件》表示，中国一贯支持欧盟国家和欧元区保持金融市场稳定，支持欧盟机构和欧洲央行采取金融稳定措施并应对欧债问题，愿通过多种方式对欧洲维护金融市场稳定提供必要支持。[②] 2015 年 9 月 28 日，李克强总理在会见欧盟委员会副主席卡泰宁时再次重申，中方坚定支持欧元稳定与欧盟团结发展。[③]

在影响欧元稳定的诸因素中，久治不愈的债务危机及乏力的经济复苏尤为重要。因此，为了支持欧元的稳定，中方可采取以下措施：（1）继续购买希腊等国的国债；（2）在外汇储备中增加欧元的比重；（3）加快"一带一路"与"容克计划"的对接；（4）加大在欧盟直接投资的力度。

（三）加强在亚洲基础设施投资银行（AIIB）中的合作。中国倡导的 AIIB 与现有多边开发银行能够相得益彰，以可持续的方式满足亚洲地区基础设施投资的大量需求。英国、德国、法国和意大利等 15 个欧盟成员国作为意向创始成员国加入了中国倡

---

① 《外交部：希望希腊议会选举有助于稳定欧元区经济形势》，新华网，2012 年 6 月 18 日。http：//news. xinhuanet. com/world/2012 – 06/18/c_ 112242559. htm。

② 《深化互利共赢的中欧全面战略伙伴关系：中国对欧盟政策文件》。http：//news. xinhuanet. com/world/2014 – 04/02/c_ 1110054550_ 2. htm。

③ 《李克强会见欧盟委员会副主席卡泰宁》，新华网，2015 年 9 月 28 日。http：//news. xinhuanet. com/politics/2015 –09/28/c_ 1116703331. htm。

导的亚洲基础设施投资银行（AIIB）。这为中欧在 AIIB 中加强合作创造了条件。

国际社会较为关注 AIIB 的规则，如治理规则、融资规则、放贷规则、投票规则以及货币规则，等等。在制定和执行这些规则的过程中，中欧应该加强沟通和磋商，相互支持。

美元有望成为 AIIB 的结算货币，但它不应该成为唯一的结算货币。中方应该支持欧元在 AIIB 中发挥更大的作用。例如，除在欧洲发行人民币债券以外，还应该鼓励在中国发行欧元债券。这一做法既能提升 AIIB 的融资便利化，也能促进中国欧元债市场与欧洲人民币债市场的发展。

（四）在金融监管领域加强合作。一方面，在金融全球化的背景下，进一步深化金融监管领域的国际合作具有显而易见的重要意义；另一方面，中国金融业的国际化程度日益提高，在金融监管领域参与国际合作是天经地义的。

欧盟较为关注金融监管，并主张通过强化国际合作，增加金融市场的透明度和责任心，对金融机构、信用评级公司和衍生产品市场等行为主体加以必要的监管，以最大限度地减少金融风险。此外，欧盟还主张通过国际合作，避免逃税和打击金融犯罪等行为。[1]

诚然，中欧金融体系的发达程度和开放度大不相同，但这一差异并不影响双方在金融监管领域开展合作。合作的内容至少可以包括以下几个方面：在确立金融监管的国际标准时加强磋商和沟通；在相互尊重国家主权的条件下加大金融信息共享的力度；在为自身的金融监管立法时相互协调；在改进金融监管领域的技术手段时相互学习。

---

[1]　"Brussels European Council 19/20 March 2009 - Presidency Conclusions". http：//www. consilium. europa. eu/uedocs/cms _ data/docs/pressdata/en/ec/106809. pdf.

（五）进一步推动国际金融体系的改革。2015 年 12 月 18 日，美国国会参议院终于批准了 IMF 的 2010 年改革方案。这是可喜而关键的一步，但这并不意味着现有国际金融体系改革大功告成。为了进一步强化 IMF 和世界银行的合法性和有效性，还应该继续推动其改革，尤其是治理结构的改革。例如，长期以来，IMF 和世界银行的最高领导人分别由欧洲人和美国人担任。这一不成文的惯例显然未能考虑到新兴经济体在国际经济舞台上的不断上升的作用。

2010 年改革方案实施后，欧盟在 IMF 中的份额和投票权分别为 32.07% 和 31.14%。此外，德国、法国和英国的投票权总数超过 15%。因此，如果中国与德、法、英三国联手，完全可以在推动现有国际金融体系的更为深刻的改革时有所作为。

四　小结

国际金融体系存在以下弊端：全球范围内储备货币的需求与供应难以实现平衡；发展中国家（尤其是新兴经济体）在国际金融机构中的代表性和发言权不足；金融监管不力；全球范围内的资本流动缺乏稳定性。中欧双方都是上述弊端的受害者，唯一的差异仅仅是受害程度不尽相同。

中欧双方都主张加强全球金融治理。因此，双方有必要在这一过程中加强合作。合作的方式主要包括：加快人民币在欧洲的国际化进程；继续坚定支持欧元的稳定；加强在亚洲基础设施投资银行（AIIB）中的合作；在金融监管领域加强合作；进一步推动现有国际金融体系的改革。

第五章　中欧在全球气候
治理中的合作

气候变化及其不利影响是人类社会面对的重大挑战之一。受气候变化的影响，酷暑、干旱和洪涝等极端气候事件在全球频频发生。由于气候变化具有强烈的整体性特征与外部性效应，因此，应对气候变化需要各国的协调与通力合作。这意味着，气候变化也是全球治理必须面对的现实问题。

中欧双方都重视气候变化，并把积极应对这一挑战作为关系经济社会发展全局的重大议题。为减缓气候变化，中欧双方都采取了一系列措施。

中欧在气候变化领域的合作拥有较好的基础。在2013年11月制定的《中欧合作2020战略规划》中，双方表示要基于联合国政府间气候变化专门委员会最新报告，进一步落实《联合国气候变化框架公约》和《京都议定书》确定的各项措施。2015年6月29日，双方又发表了《中欧气候变化联合声明》，表示要致力于在过去十年成功合作的基础上，进一步推动中欧气候变化伙伴关系取得显著进展。

一　中国的全球气候治理观及其行动

作为一个负责任的发展中国家，中国高度重视气候变化问题。中国成立了国家气候变化对策协调机构，制定了《中国应对气候变化国家方案》（2007 年）。① 这一文件确定了中国应对气候变化的指导思想：全面贯彻落实科学发展观，推动构建社会主义和谐社会，坚持节约资源和保护环境的基本国策，以控制温室气体排放、增强可持续发展能力为目标，以保障经济发展为核心，以节约能源、优化能源结构、加强生态保护和建设为重点，以科学技术进步为支撑，不断提高应对气候变化的能力，为保护全球气候做出新的贡献。根据这一指导思想，中国确立了应对气候变化的以下原则：在可持续发展框架下应对气候变化；遵循《气候公约》规定的"共同但有区别的责任"原则；减缓与适应并重；将应对气候变化的政策与其他相关政策有机结合；依靠科技进步和科技创新；进一步加强气候变化领域的国际合作。②

这一文件还确定了中国对气候变化若干问题的基本立场：③

（一）减缓温室气体排放。减缓温室气体排放是应对气候变化的重要方面。《联合国气候变化框架公约》附件一缔约方国家应按"共同但有区别的责任"原则率先采取减排措施。发展中国家由于其历史排放少，当前人均温室气体排放水平比较低，其主要任务是实现可持续发展。中国作为发展中国家，将根据其可持续发展战略，通过提高能源效率、节约能源、发展可再生能源、加强生态保护和建设、大力开展植树造林等措施，努力控制温室气体排放，为减缓全球气候变化做出贡献。

（二）适应气候变化。适应气候变化是应对气候变化措施不

---

① 《中国应对气候变化国家方案》不仅是中国第一部应对气候变化的综合政策性文件，也是发展中国家在该领域的第一部国家方案。

② 《我国发布〈中国应对气候变化国家方案〉（全文）》，中央政府门户网站，2007 年 6 月 4 日。http：//www. gov. cn/gzdt/2007 – 06/04/content_ 635590. htm。

③ 除《中国应对气候变化国家方案》以外，中国还发表了《中国应对气候变化的政策与行动》白皮书（2008 年）和《国家适应气候变化战略》（2013 年）等重要文件。

可分割的组成部分。过去，适应方面没有引起足够的重视，这种状况必须得到根本改变。国际社会今后在制定进一步应对气候变化的法律文书时，应充分考虑如何适应已经发生的气候变化问题，尤其是提高发展中国家抵御灾害性气候事件的能力。中国愿与国际社会合作，积极参与适应领域的国际活动和法律文书的制定。

（三）技术合作与技术转让。技术在应对气候变化中发挥着核心作用，应加强国际技术合作与转让，使全球共享技术发展所产生的惠益。应建立有效的技术合作机制，促进应对气候变化技术的研发、应用与转让；应消除技术合作中存在的政策、体制、程序、资金以及知识产权保护方面的障碍，为技术合作和技术转让提供激励措施，使技术合作和技术转让在实践中得以顺利进行；应建立国际技术合作基金，确保广大发展中国家买得起、用得上先进的环境友好型技术。

（四）切实履行《气候公约》和《京都议定书》的义务。《气候公约》规定了应对气候变化的目标、原则和承诺，《京都议定书》在此基础上进一步规定了发达国家2008—2012年的温室气体减排目标，各缔约方均应切实履行其在《气候公约》和《京都议定书》下的各项承诺，发达国家应切实履行其率先采取减排温室气体行动，并向发展中国家提供资金和转让技术的承诺。中国作为负责任的国家，将认真履行其在《气候公约》和《京都议定书》下的义务。

（五）气候变化区域合作。《气候公约》和《京都议定书》设立了国际社会应对气候变化的主体法律框架，但这绝不意味着排斥区域气候变化合作。任何区域性合作都应是对《气候公约》和《京都议定书》的有益补充，而不是替代或削弱，目的是为了充分调动各方面应对气候变化的积极性，推动务实的国际合作。中国将本着这种精神参与气候变化领域的区域合作。

2015年6月，中国向《联合国气候变化框架公约》秘书处提交了应对气候变化国家自主贡献文件，提出了到 2030 年单位国内生产总值二氧化碳排放比 2005 年下降 60%—65% 等目标。这不仅是中国作为公约缔约方的"规定动作"，而且也是为实现公约目标所能作出的最大努力。世界自然基金会等 18 个非政府组织发布的报告指出，中国的气候变化行动目标已超过其"公平份额"。①

2015 年 11 月 30 日开幕的气候变化巴黎大会是一次各方都寄予厚望的会议。中方对巴黎大会有四点期待：一要坚持原则。巴黎协议应坚持《联合国气候变化框架公约》的原则和规定，特别是共同但有区别的责任原则、公平原则和各自能力原则。二要全面均衡。不仅就 2020 年后应对气候变化机制作出安排，也要处理好 2020 年前的行动力度问题。应同等处理缓减、适应、资金、技术转让等要素。三要引领方向。向世界发出向绿色低碳发展的明确信号，将节能减排、应对气候变化转化为各国经济转型升级、保障能源安全、降低气候风险的内在动力。四要提供保障。发达国家要履行在资金和技术方面的义务，并在 2020 年后持续提高支持力度。②

习近平主席在巴黎大会开幕式上说，一份成功的国际协议既要解决当下矛盾，更要引领未来。巴黎协议应该着眼于强化 2020 年后全球应对气候变化行动，也要为推动全球更好实现可持续发展注入动力。他认为，巴黎协议应该实现四个"有利于"：有利于实现公约目标，引领绿色发展；有利于凝聚全球力量，鼓励广

---

① 《背景资料：中国应对全球气候变化的主要举措》，新华网，2015 年 11 月 30 日。http://news. xinhuanet. com/world/2015 - 11/30/c _ 1117309267. htm。

② 《外交部就习近平赴法国出席气候变化巴黎大会等举行中外媒体吹风会》，外交部网站，2015 年 11 月 25 日。http://www. fmprc. gov. cn/ web/ziliao _ 674904/zt _ 674979/ywzt _ 675099/2015nzt/xzxffgcqhbh _ 684980/zxxx_ 684982/t1318457. shtml。

泛参与；有利于加大投入，强化行动保障；有利于照顾各国国情，讲求务实有效。

在巴黎大会上，习近平主席还阐述了国际合作与全球气候治理的关系。他说："应对气候变化的全球努力给我们思考和探索未来全球治理模式、推动建设人类命运共同体带来宝贵启示。我们要创造一个各尽所能、合作共赢、奉行法治、公平正义、包容互鉴、共同发展的未来。巴黎大会要推动各国尤其是发达国家多一点共享、多一点担当，实现互惠共赢；要确保国际规则的有效遵守和实施，坚持民主、平等、正义，建设国际法治，遵守共同但有区别的责任原则；要允许各国寻找最适合本国国情的应对之策。"①

巴黎大会达成了具有里程碑意义的《巴黎协定》，使全球应对气候变化进程迈出了重要的一步。② 在评价这一协定的重要性时，联合国秘书长潘基文指出："世界各国做出了一个历史性的选择，一致决定共同采取行动，来应对气候变化这个当代的决定性挑战。《巴黎协定》是世界人民的胜利，为了我们的共同福祉，也是多边主义的胜利。它是我们赖以生存的这个星球的'健康保险'，是多年来秉承《联合国宪章》'挽救后世'之授权所采取的最重要的行动。"③

中国为巴黎大会的成功作出了贡献。中国与美国、欧盟、

---

① 习近平：《携手构建合作共赢、公平合理的气候变化治理机制——在气候变化巴黎大会开幕式上的讲话》，2015 年 11 月 30 日。http：//news. xinhuanet. com/world/2015 – 12/01/c_ 1117309642. htm。

② 《巴黎协定》共 29 条，包括目标、减缓、适应、损失损害、资金、技术、能力建设、透明度、全球盘点等内容。根据协定，各方以自主贡献的方式参与全球应对气候变化行动；发达国家继续带头减排，并加强对发展中国家的资金、技术和能力建设支持以帮助它们减缓和适应气候变化；从 2023 年开始，每 5 年将对全球行动进展进行一次盘点，以帮助各国提高力度、加强国际合作，实现长期目标。

③ 转引自中国气候变化信息网，http：//www. ccchina. gov. cn/Detail. aspx？ newsId = 57913。

"基础四国"和"立场相近发展中国家"等保持密切协商，努力寻找可能被各方接受的方案。中国还积极配合东道国法国和《联合国气候变化框架公约》秘书处，做好有关工作。在会议的最后阶段，中国代表团团长解振华特别代表每天都与法国外长法比尤斯、联合国秘书长潘基文会面，就谈判进程中出现的各种问题提出中方建议。各方都高度评价中国在会议中发挥的作用。法国总统奥朗德在大会闭幕后与习近平主席通话时，特别感谢中方为大会成功作出的突出贡献。

二　欧盟的全球气候治理观及其行动

欧盟始终在全球气候治理中发挥着重要作用。尤其在美国于2001 年 3 月宣布退出《京都议定书》后，欧盟被认为是成功地挽救这一协议的重要力量之一。此后，欧盟又取得了第二个外交成就：它以帮助俄罗斯加入 WTO 为"交换条件"，成功地促使俄罗斯批准了这一协议。①

早在 20 世纪 80 年代，欧盟就呼吁国际社会关注与气候变化息息相关的各种问题。例如，欧洲委员会在 1988 年发表的一个文件指出，今天的世界正面临着严重的环境问题。为了实现可持续增长和提高生活质量，必须尽快解决这样的全球问题：臭氧层的减少、地球大气温度的上升（"温室"效应）以及自然环境面临的各种威胁。该文件还表示，在国际范围内，欧共体及其成员国决心在解决上述问题的过程中发挥主导作用。②

---

① Sebastian Oberthür, "The European Union's Performance in the International Climate Change Regime", *Journal of European Integration*, Vol. 33, No. 6, pp. 667 – 682, November 2011；薄燕、陈志敏：《全球气候变化治理中的中国与欧盟》，《现代国际关系》2009 年第 2 期。

② European Council：Rhodes, 2 and 3 December, 1988. （Reproduced from the Bulletin of the European Communities, No. 12/1988.）

2004 年 3 月，欧洲理事会要求欧盟委员会用"成本—收益分析法"，对气候变化与竞争力的关系进行深入的研究，并为如何应对气候变化提出中长期的对策。翌年 2 月 9 日，欧盟委员会发表了题为"战胜全球气候变化"的《通讯》。这一文件认为，在过去的 100 年中，全球平均温度上升了 0.6℃，欧洲地区上升了 0.9℃。至 2100 年，全球气温将比 1990 年高出 1.4℃—5.8℃，欧洲地区的气温将高出 2.0—6.3℃。[①] 这一文件还指出，为了遏制气候变化的趋势，欧盟将采取以下措施：扩大对气候友好型技术（climate-friendly technologies）的投资和开发、[②] 提升公众对气候变化的危害性的认识以及加强与第三国的合作。[③]

2007 年 3 月的欧盟峰会批准了"20—20—20 战略"。根据这一战略，至 2020 年，欧盟的温室气体排放量将在 1990 年的水平上减少 20%，20% 的能源消费来自可再生能源，通过提高能源的效率，使能源消费量减少 20%。[④] 为实施这一战略，欧盟在 2008 年 1 月提出了立法建议。同年 12 月，欧洲议会通过了具有法律约束力的"气候与能源一揽子计划"。欧盟委员会前主席巴罗佐

---

① 这一文件的附录罗列了气候变化对欧洲造成的多种多样的重大损失。如在 2003 年夏季，2 万人（其中大多数是老年人）因异常高温而失去生命。此外，受气候因素的影响，这一年许多南欧国家的农业产量下降了 30%。该文件将这一高温袭击归咎于气候变化。

② 欧盟认为，阻止全球气候变暖的努力在技术上和经济上都是可行的。而且，越早采取行动，越能取得显著的效果，越能降低经济成本。

③ 关于加强欧盟与第三国的合作，这一文件指出，必须确保欧盟气候政策的内容与外部因素的关系更加"步调一致"，尤其要向最容易受气候变化影响的发展中国家提供更多的发展援助。（Commission of the European Communities，Communication from the Commission to the Council，the European Parliament，the European Economic and Social Committee and the Committee of the Regions：Winning the Battle Against Global Climate Change，Brussels，9. 2. 2005.）

④ "The EU climate and energy package"，http：//ec. europa. eu/clima/policies/package/index_ en. htm.

认为，该计划将引导欧盟向低碳经济发展，鼓励开拓创新，提供新的商机，创造更多的就业机会，从而提高欧盟的竞争力。①

2009年4月1日，欧盟发表了题为《适应气候变化：欧盟的行动框架白皮书》。② 这一白皮书指出，应对气候变化的方式方法有两种：一是必须减少温室气体排放，二是必须为气候变化产生的无法避免的影响采取必要的适应措施。欧盟愿意大幅度减少温室气体排放。但是，即使世界各国都能减少这一排放，地球的"复原"（recover）依然需要足够的时间。

这一白皮书还认为，欧盟已为适应气候变化而采取了一些措施，但这些措施是碎片化的，难以发挥足够的效应。因此，有必要在欧盟的层面上采取一些战略性的措施：（1）构建知识基础（knowledge base），以正确了解气候变化的危害性及适用气候变化的必要性；（2）将卫生、社会政策、农业、生物多样性、生态、水资源、生产体系、基础设施等领域以及沿海地区作为适应气候变化的重要领域；（3）筹措足够的资金，加大与成员国合作的力度；（4）与易受气候变化影响的发展中国家开展更为紧密的合作，鼓励其大力发展"绿色贸易"（green trade），并将适应气候变化纳入欧盟的外交政策。

为了进一步巩固欧盟在全球气候治理领域的领导作用，2009年4月6日举行的欧盟峰会通过了"气候与能源一揽子计划"。根据这一计划，欧盟将在2020年实现在1990年的基础上将温室气体排放量减少20%的目标，并使可再生能源在能源消费总量中的比重上升到20%。这两个比重在国际上都是遥遥

---

① 转引自《欧盟委员会欢迎欧洲议会通过能源气候一揽子计划》，http：//news. xinhuanet. com/world/2008 – 12/18/content_ 10523065. htm。

② Commission of the European Communities, White paper - Adapting to climate change：towards a European framework for Action, Brussels, 1. 4. 2009. http：//eur-lex. europa. eu/legal-content/EN/TXT/PDF/? uri = CELEX：52009DC0147&from = EN.

领先的。①

2010 年 3 月 3 日欧盟公布的《欧洲 2020 战略》是其未来十年的发展规划。这一规划的核心是"巧增长"（smart growth）、可持续发展和包容性增长，其中与气候变化有关的政策是：（1）提高资源的利用率，使经济增长与资源的使用"脱钩"；（2）加大在低碳技术领域的投资；（3）制定有利于低碳经济发展的产业政策。②

2014 年 1 月 22 日，欧盟委员会发表了 2020—2030 年气候与能源政策框架。根据这一文件，欧盟将在 1990 年的基础上将温室气体的排放减少 40%，可再生能源在能源消费量中的比重不低于 27%，能源效率不低于 27%。③

在欧盟，交通运输业和其他领域的能源消费占温室气体排放总量的 80%。④ 因此，欧盟认为，为了更加有效地应对气候变化，必须通过减少化石燃料的使用等途径，对能源系统实行"去碳化"（decarbonised）。这一理念无疑是值得推崇的。

气候变化与经济活动息息相关，而保护生态环境完全可以与推动经济增长齐头并进、相得益彰。因此，在欧盟参与全球气候治理的过程中，极为重视低碳经济的发展。2011 年 3 月 8 日，欧

---

① Council of the European Union, Council adopts climate-energy legislative package, Brussels, 6 April, 2009. http：//www. consilium. europa. eu/uedocs/cms_ data/docs/pressdata/en/misc/107136. pdf.

② European Commission, Communication from the Commission Europe 2020：A strategy for smart, sustainable and inclusive growth, Brussels, 3. 3. 2010.

③ European Commission, Communication from the Commission to the Europena Parliament, the Council, the European Economic and Social Committee and the Committee of the Regions：A policy framework for climate and energy in the period from 2020 to 2030 Brussels, 22. 1. 2014.

④ "Climate Action：Energy", http：//ec. europa. eu/clima/policies/international/paris_ protocol/energy/index_ en. htm.

盟发表了《在2050年实现低碳经济路线图》。① 这一文件认为，应对气候变化的努力既有利于在开发清洁能源和提高能源效率等领域促进创新，也有利于推动低碳经济的发展。根据这一"路线图"，至2050年，欧盟的碳排放量将在1990年的基础上减少80%。为了实现这一远大目标，这一"路线图"不仅为各个经济部门确定了减少碳排放的指标，而且还提出了在低碳技术领域加大研发力度和增加投资的要求，甚至还要求各成员国立即制定本国的"路线图"。② 目前，欧盟是目前世界上"温室气体效率"（GHG-efficient）最高的经济体，成功地使经济增长与温室气体排放"脱钩"（decoupling）。如在1990—2014年期间，欧盟的温室气体排放减少了23%，欧盟经济增长了46%。③

　　欧盟始终认为，应对气候变化是全球治理的重要组成部分。为了"赢得这一战役"，世界上的每一个国家都应该为之作出贡献。因此，欧盟十分重视在全球气候治理中加强国际合作。早在2007年9月18日，欧盟委员会就发表了与最容易受气候变化影响的发展中国家（尤其是岛国）开展合作的文件。④ 这一文件提出，欧盟将与最

---

① Communication from the Commission to the European Parliament，the Council，the European Economic and Social Committee and the Committee of the Regions：A Roadmap for moving to a competitive low carbon economy in 2050，Brussels，8. 3. 2011. http：//eur－lex. europa. eu/LexUriServ/LexUriServ. do? uri＝COM：2011：0112：FIN：EN：PDF.

② 低碳经济这一术语被认为是英国人发明的。英国贸易与工业部在2003年2月提交英国议会的题为《我们未来的能源：创造一个低碳经济》（又名《能源白皮书》）认为，"低碳经济就是提高能源的使用率，即以较少的资源和减少的污染生产出较多的产品。"（*Our Energy Future - Creating a Low Carbon Economy*，Presented to Parliament by the Secretary of State for Trade and Industry by Command of Her Majesty，February 2003.）

③ European Commission，"Climate change"，November 2015.

④ Communication from the Commission to the Council and the European Parliament：Building a Global Climate Change Alliance between the European Union and poor developing countries most vulnerable to climate change，Brussels，18. 9. 2007. http：//eur-lex. europa. eu/legal-content/EN/TXT/HTML/? uri＝CELEX：52007DC0540&rid＝2.

容易受气候变化影响的发展中国家建立一个全球气候变化联盟（Global Climate Change Alliance，GCCA）。欧盟愿意为这一联盟的运转提供资金，使发展中国家能有效地减少温室气体的排放和应对气候变化。2008 年 10 月 21 日，欧洲议会就通过了一个决议，支持欧盟气候变化领域加强与发展中国家合作，并要求欧盟委员会在发挥 GCCA 的作用时与欧洲议会开展更为紧密的合作。[①]

　　欧盟对全球气候治理的最大贡献之一无疑是法国成功主办气候变化巴黎大会。面对挥之不去的恐怖主义阴影，法国在边境线上设置了 285 个检查点，以确保与会的 115 位外国元首或政府首脑的安全。[②] 奥朗德总统不仅赴德国出席了第六届彼得斯贝格气候对话（Petersberg Climate Dialogue），而且还专程访华。[③] 在奥朗德总统访华期间，中法两国还举办了中法气候与绿色经济论坛。中国总理李克强在论坛的闭幕式上说："在巴黎气候变化大会召开前夕，中法共同举办这个论坛，就像是一场交响乐的序曲，为巴黎气候变化大会的成功举办拉开了帷幕……中方高度赞赏法国在应对气候变化方面所作努力，愿同法方密切配合，在共同但有

[①] European Parliament resolution of 21 October 2008 on building a Global Climate Change Alliance between the European Union and poor developing countries most vulnerable to climate change. http：//www. europarl. europa. eu/sides/getDoc. do? pubRef = -//EP//TEXT + TA + P6 - TA - 2008 - 0491 + 0 + DOC + XML + V0//EN.

[②] RFI, "France reintroduces border checks ahead of UN climate talks", November 13, 2015. http：//en. rfi. fr/france/20151113-france-reintroduces-border-checks-ahead-un-climate-talks.

[③] 彼得斯贝格气候对话是在德国的倡议下于 2010 年设立的。会议由德国总理和气候大会的东道国轮值主席国共同主持。本届对话会的与会者来自 35 个国家。默克尔总理在讲话中指出，巴黎气候大会上应该达成一个具有约束力的协议。（Speech by Federal Chancellor Angela Merkel at the Sixth Petersberg Climate Dialogue, Berlin, May 19, 2015. https：//www. bundesregierung. de/Content/EN/Reden/2015/2015 - 05 - 21-merkel-petersberger-klimadialog_ en. html）

区别的责任原则、公平原则、各自能力原则基础上，推动巴黎气候变化大会达成全面、均衡、有力度的协议，为人类的可持续发展作出更大贡献。"①

在奥朗德总统访华期间，两国还发表了《中法元首气候变化联合声明》。该声明指出，在巴黎大会上，中法两国领导人将与其他国家领导人一道努力，达成一项富有雄心、具有法律约束力、以公平为基础和体现共同但有区别的责任和各自能力原则的巴黎协议。②

应该注意到，一些欧洲学者认为，"共同但有区别的责任"已不合时宜。尤其在确定每一个国家的排放量应该是多少等问题上，这一原则容易导致"胜利者"和"失败者"，从而陷入一种一方受害而另一方受益的困境。为了摆脱这一困境，英国学者马库斯·赫达尔认为，"共同但有区别的责任"应该被"公平获得可持续发展"（Equitable Access to Sustainable Development）取而代之。这一替换不仅仅是文字上的变化，而是"气候公正"（climate justice）的体现。一方面，"公平获得可持续发展"有助于发展中国家更好地寻求可持续发展之路；另一方面，这一新原则还有助于发达国家为适应气候变化而采取的行动与发展中国家为适应气候变化而采取的行动相得益彰。③

---

① 《李克强在中法气候与绿色经济论坛闭幕式上的致辞》，新华网，2015 年 11 月 3 日。http：//news. xinhuanet. com/politics/2015 – 11/03/c_1117030348. htm。

② 《中法元首气候变化联合声明》，新华网，2015 年 11 月 2 日。http：//news. xinhuanet. com/world/2015 – 11/02/c_ 128386121. htm。

③ Marcus Hedahl, "Moving from the principle of 'common but differentiated responsibility' to 'equitable access to sustainable development' will aid international climate change negotiations", September 28th, 2013. http：//blogs. lse. ac. uk/europpblog/2013/09/28/moving-from-the-principle-of-common-but-differentiated-responsibility-to-equitable-access-to-sustainable-development-will-aid-international-climate-change-negotiati/#Author.

三 中欧在全球气候治理中加强合作的方式方法

2015 年 6 月 29 日，中欧发表了《中欧气候变化联合声明》，表示要致力于在过去十年成功合作的基础上，进一步推动中欧气候变化伙伴关系取得显著进展。

《中欧气候变化联合声明》确定了中欧在气候变化领域开展合作的 13 个方面：在保持强劲经济增长的同时发展低成本高效益的低碳经济；提升气候变化合作在中欧双边关系中的地位；进一步加强双方向资源集约、绿色低碳、气候适应型经济和社会转型的政策对话与务实合作；在上述背景下进一步加强各自分析能力，以探索高效管用的路径和政策工具；以现有中欧碳排放交易能力建设合作项目为基础并加以拓展，进一步加强碳市场方面的已有双边合作，并在今后几年共同研究碳排放交易相关问题；建立中欧低碳城市伙伴关系，促进关于低碳和气候适应型城市政策、规划和最佳实践的相互交流；推动关于国内减缓气候变化政策措施的对话与合作，涉及能源供应、工业、建筑、交通及航空和海运活动等重点行业的节能和提高能效；加强气候相关科学研究合作和技术创新合作，包括清洁和可再生能源、低碳技术及适应方案的开发和应用；认可在"中欧近零排放"倡议下碳捕集利用和封存方面的成功合作，将研究继续推进相关合作的方式；继续开展造林方面的合作，以增强对大气中二氧化碳的吸收；强化中欧在公约及二十国集团、经济大国能源与气候论坛、蒙特利尔议定书、国际民航组织、国际海事组织等其他相关机制方面的气候对话；加强双方关于氢氟碳化物国内政策和措施的对话与合作，同时与其他国家共同努力达成关于逐步削减氢氟碳化物生产和消费的多边解决方案；探索在双边及国际层面开展低碳和气候适应型投资及能力建设合作的机会。

为了全面而有效地落实上述合作领域，中欧双方有必要采取

以下措施:

（一）进一步强化双方在气候变化领域的政治共识。1992 年6 月在巴西里约热内卢举行的联合国环境与发展大会通过的《联合国气候变化框架公约》（UNFCCC）确定了发达国家和发展中国家在全球气候治理中的责任分配原则。该公约第三条指出:"各缔约方应当在公平的基础上，并根据它们共同但有区别的责任和各自的能力，为人类当代和后代的利益保护气候系统。因此，发达国家缔约方应当率先对付气候变化及其不利影响。"

在中国推动下，"共同但有区别的责任"最终成为《联合国气候变化框架公约》的原则，对随后的国际谈判产生了重要影响。

中欧双方在多个场合重申共同但有区别的责任原则、公平责任和各自能力的原则。[①] 但在不少具体问题上，欧盟对中国的"要价"和期待很高，从而使双方的立场和姿态出现了较难弥合的分歧。因此，为了推动双方在气候变化领域的合作，必须继续通过政策对话等形式，进一步强化政治共识，恪守"共同但有区别的责任"这一原则，提升气候变化领域的合作在双边关系中的地位。

（二）明确合作的重点。自 2005 年中欧建立"气候变化伙伴关系"以来，双方在清洁能源开发、碳捕集和封存以及碳排放交易等领域展开了合作，并已初见成效。

在《中欧气候变化联合声明》确定的 13 个合作领域中，有些是近期需要落实的，有些是长期努力的目标。因此，为了尽快

---

① 如在 2015 年 6 月 27 日，中国国家发展和改革委员会副主任张勇在北京谈及将于 2015 年年底召开的巴黎气候大会时强调，"会议达成的协议应遵循联合国气候变化框架公约的原则、规定和整体框架，特别是共同但有区别的责任原则、公平责任以及各自能力的原则，应全面平衡地减缓，适应资金、技术转让、能力建设、透明度等各要素"。参见《发改委谈巴黎气候大会:应遵共同但有区别的责任》，中国新闻网，2015 年 6 月27 日。http://www.chinanews.com/cj/2015/06-27/7369682.shtml.

取得合作的成效，应该明确合作的重点，不必"多管齐下"，否则可能会事倍功半。

根据 2005 年中欧在气候变化领域开展合作的经验及双方的利益和关注点，在最近的 5—10 年内，可继续将清洁能源开发、碳捕集和封存以及碳排放交易作为合作的重点，以尽快扩大合作的成果，为国际社会树立榜样。

（三）加强双方在资金和技术等方面的互通有无。应对气候变化需要充裕的资金和先进的技术。近几年，受债务危机和经济衰退的影响，欧盟成员国在各个领域的投资受到了不良的影响。这一状况可能会在未来延续多年。但在清洁能源、可再生能源开发以及碳捕集和封存等领域，欧盟拥有较多的先进技术。由此可见，中欧双方可在资金和技术等方面互通有无。例如，中欧可共同出资，建立一个致力于推动低碳经济的投资基金。中国出资的比例可大于欧盟。

《联合国气候变化框架公约》呼吁发达国家积极向发展中国家转移相关技术。一方面，中国有必要继续奉行"市场换技术"的战略，大力引进欧盟的清洁能源技术以及有利于提高能源使用率的技术；另一方面，中国也应该加大对知识产权的保护，正确处理维护公共利益与知识产权的个人权利之间的关系。

（四）进一步发挥中欧城镇化伙伴关系的作用。城镇化对气候变化的影响日益突出。因此，如能使城镇化向低能耗、低污染和低碳排放的方向发展，必将有利于人类社会减少对气候变化的负面影响。

欧盟的城镇化率大大高于中国，约四分之三的人口生活在城市及周边地区。而且，欧盟的许多成员国已经历了数百年的发展历程，积累了丰富的经验。最近一二十年，中国城镇化快速发展。在可预见的将来，中国将有数以亿计的农业人口进入城市。这意味着，中欧在城镇化领域的合作具有显而易见的重要性和必要性。

2012 年 2 月举行的第十四次中欧领导人会晤决定建立中欧城镇化伙伴关系。同年 5 月，《中欧城镇化伙伴关系共同宣言》在布鲁塞尔正式签署。迄今为止，双方已召开了多次论坛，启动了多个合作项目。

《中欧城镇化伙伴关系共同宣言》确定了 14 个合作领域：城镇化发展战略和政策；城镇化空间布局；城镇产业经济可持续发展；城市公共服务体系；城市基础设施建设投融资机制；城市住房供应体系和模式；城市能源供应与需求管理；城市交通、公共交通和智能交通；城市绿色建筑；城市生态环境保护与治理；城市历史文化风貌保护和景观塑造；城市治理；城乡一体化发展；城镇化发展交流研讨和人员培训。

为了使上述领域的合作取得更大的成效作用，有必要避免形式主义，少一些空洞且泛泛而谈的论坛，多启动一些务实、双赢的合作项目。根据中欧城镇化发展进程的需求和特点，双方的合作项目应关注以下重点：（1）加大双方在城市基础设施建设、食品安全、垃圾处理和智能交通等领域技术转移力度；（2）在构建智慧城市、人文城市、绿色城市和创新城市的过程中相互交流经验，以更新城镇化理念；（3）进一步拓宽政府之间、城市之间、企业之间和非政府组织之间的合作渠道。

当然，中欧双方在法律、经济、政治和文化方面存在明显的差异，因此不能生搬硬套对方的一些经验和成功的做法。

（五）努力避免新能源产品贸易的争端和摩擦。新能源的开发和利用有利于减少碳排放，因而必然会延缓气候变化的进程。在中国和欧盟，新能源在能源总量中的比重稳步上升。这与生产新能源的各种技术和装备在不断改进有关。

中欧在新能源技术和装备的生产领域各有比较优势，从而为双方在贸易领域的合作创造了条件。例如，在过去的十多年，光伏产品和其他一些新能源产品的贸易规模不断扩大，在中欧贸易中的比重稳步上升。

　　但是，贸易量的扩大也不时产生争端和摩擦。如在2013年，欧盟曾试图对中国的光伏产品实施"双反"（反补贴调查和反倾销）调查。经过艰难的谈判和博弈，这一争端才得以解决。

　　毫无疑问，新能源产品贸易领域的争端和摩擦不利于新能源的使用和推广，最终也会打击中欧双方应对气候变化的努力。因此，为了使中欧在气候变化领域的合作富有成效，双方必须最大限度地避免新能源产品贸易的争端和摩擦。一方面，欧盟应该正视中国在这一领域的比较优势，努力提升自身的竞争力；另一方面，中国也应该抑制光伏产能的盲目扩张，进一步规范有关企业的市场行为，不用低价拓宽海外市场。

　　综上所述，中欧在气候变化领域的合作应该包括政策对话和务实合作两个方面。两者缺一不可。

四　小结

　　中国一贯重视气候变化，把积极应对这一挑战作为关系经济社会发展全局的重大议题，并将其纳入经济社会发展中长期规划。欧盟在促成《京都议定书》生效的过程中发挥了重要作用，在建立碳市场和构建低碳经济等方面取得了显著成效。毫无疑问，欧盟是气候变化领域的"先行者"，并在这一领域占据着不容低估的"道德制高点"。

　　《中欧气候变化联合声明》确定了双方在气候变化领域开展合作的13个方面，其中有些是近期需要落实的，有些是长期努力的目标。因此，为了尽快取得合作的成效，应该明确合作的重点，不必"多管齐下"。根据2005年中欧在气候变化领域开展合作的经验及双方的利益和关注点，在最近的5—10年的时间内，可继续将清洁能源开发、碳捕集和封存以及碳排放交易作为合作的重点，以尽快扩大合作的成果，为国际社会树立榜样。

　　此外，中欧双方还应该加强双方在资金和技术等方面的互通有无，进一步发挥中欧城镇化伙伴关系的作用，努力避免新能源产品贸易领域中的争端和摩擦，积极探讨中美欧三方发表气候变化联合声明。

第六章　中欧在全球互联网
治理体系中的合作

在世界各国的经济和社会发展进程中，互联网的重要性愈益突出。但是，相对于网络安全（cyber security）而言的网络不安全（cyber insecurity）已成为一个全球问题（global issue），危害性极大，由其导致的经济损失不计其数。因此，如何维系网络安全已成为全球治理的重要组成部分。

互联网在中欧经济和社会发展进程中的地位不容低估。由于形式多样的网络犯罪具有跨国界的特点，因此，中欧有必要在网络安全领域加强合作。这一合作既有利于发挥双方在全球治理中的积极作用，也有利于推动 2003 年建立的中欧全面战略伙伴关系，更有利于发挥互联网在经济和社会发展进程中的巨大作用。

一　中欧在全球互联网治理体系中
加强合作的必要性

全球互联网治理体系的核心是网络安全。因此，中欧在这一治理体系中的合作，在很大程度上就是在网络安全领域的合作。

中欧在全球互联网治理体系中加强合作的必要性与以下三个因素密切相关：

（一）互联网在中欧双方的经济和社会发展进程中居于十分重要的地位。中国已成为一个名副其实的网络大国。在中国，网络已走入千家万户。根据 2015 年 7 月 23 日中国互联网络信息中心（CNNIC）在京发布的第 36 次《中国互联网络发展状况统计报告》，截至 2015 年 6 月，中国网民规模达 6.68 亿，互联网普及率为 48.8%。① 习近平在 2015 年 12 月 16 日召开的第二届世界互联网大会开幕式上的讲话中说，中国有 6.7 亿网民、413 万多家网站，网络深度融入经济社会发展、融入人民生活。②

在中国的十二届全国人民代表大会第三次会议上，李克强总理的政府工作报告指出，中国政府将"制定'互联网 +'行动计划，推动移动互联网、云计算、大数据、物联网等与现代制造业结合，促进电子商务、工业互联网和互联网金融健康发展，引导互联网企业拓展国际市场"。2015 年 7 月 4 日，国务院下发了《关于积极推进"互联网 +"行动的指导意见》。③这意味着，网络化在推动未来中国经济稳定增长和结构优化的过程中将发挥更大的作用。

在欧盟，根据 2012 年的调查，每天使用互联网一次以上的网民约占总人口的 53%，从不使用互联网的人占 29%；在互联网上购物、从事社交活动和办理银行业务的网民分别占网民总数的 53%、52% 和 48%。④ 根据 2015 年 12 月欧洲统计局公布的数

① 《CNNIC 发布第 36 次〈中国互联网络发展状况统计报告〉》，中国互联网络信息中心，2015 年 7 月 23 日。http：//www. cnnic. cn/gywm/xwzx/rdxw/2015/201507/t20150723_ 52626. htm。

② 《习近平在第二届世界互联网大会开幕式上的讲话》，新华网，2015 年 12 月 16 日。http：//news. xinhuanet. com/politics/2015 – 12/16/c_ 1117 481089. htm。

③ 《国务院关于积极推进"互联网 +"行动的指导意见》（国发〔2015〕40 号）。http：//www. gov. cn/zhengce/content/2015 – 07/04/content_ 10002. htm。

④ European Commission，"Special Eurobarometer 390：Cyber Security"，July 2012，http：//ec. europa. eu/public_ opinion/archives/ebs/ebs_ 390_ en. pdf.

据，在欧盟，16 岁至 74 岁人群中使用网购的比率从 2007 年的 30% 提高到 2015 年的 53%。①

欧盟正在构建单一数字市场（single digital market）。根据欧盟的预测，这一市场建成后每年将给欧盟带来 4150 亿欧元的收入，并增加大量就业机会。② 由此可见，为使该市场在建成后能顺利而高效率地运转，确保其安全是至关重要的。

（二）中欧都是网络不安全的受害者。网络安全通常是指确保为民用和军用服务的网络及其基础设施免遭网络犯罪的侵害。网络犯罪是指通过计算机或信息系统对网络体系进行破坏的各种行为。这种破坏既有传统的行为（如欺诈、诈骗、偷窃用户名和密码），也有与在网络中传播的内容（如色情或种族仇恨）有关的不当行为，还有针对网络信息系统的各种攻击行为。③

2010 年 1 月 12 日，中国内地大部分地区和美国、欧洲等地的网民在长达 8 小时的时间内无法以任何方式正常登录百度网站。百度域名 baidu. com 的 WHOIS 传输协议被无故更改，网站的域名被更换至雅虎属下的两个域名服务器，修改时间为 2010 年 1 月 11 日。网站页面被篡改成黑色背景以及伊朗国旗，同时显示 "This site has been hacked by Iranian Cyber Army"（"该网站已被伊朗网军入侵"）字样以及一段阿拉伯文字，然后跳转至英文雅虎主页。这是百度成立后最严重的服务器故障事件，与自称是伊朗网军（Iranian Cyber Army）的黑客组织有关。据统计，仅在 2010 年 5 月 2 日至 16 日的两周时间内，共有 205 个中国政府网站被恶

---

① "1 out of 2 persons in the EU purchased online in 2015", *Eurostat Newsrelease*, 218/2015 – 11 December, 2015.

② European Commission, "A Digital Single Market Strategy for Europe", May 6, 2015, p. 3.

③ European Commission, "Cybersecurity Strategy of the European Union: An Open, Safe and Secure Cyberspace", February 7, 2013, p. 3.

意篡改，甚至多个省级政府网站也未能幸免于难。①

2014 年 1 月 21 日，中国内地的所有通用顶级域的根出现异常，导致部分国内网民无法访问".com"域名网站，许多网站被解析到位于美国北卡罗来纳州卡里镇的一家互联网技术公司。网络安全专家认为，该事件可能是人为的黑客攻击行为所致，是中国互联网史上标志性的重大安全事故。②

据中国国家互联网应急中心统计，2013 年，中国境内 6.1 万个网站被境外通过植入后门实施控制，较 2012 年大幅增长 62.1%，针对境内网站的钓鱼站点有 90.2% 位于境外，境内 1090 万余台主机被境外控制服务器。③ 中国互联网络信息中心在 2015 年 1 月发表的《中国互联网络发展状况统计报告》认为，当前网络安全问题已成为公共安全的重要组成部分。该报告指出，49.0% 的网民表示，互联网不太安全或非常不安全。账号或密码被盗、欺诈、个人信息泄露等网络安全问题的出现，已严重影响到网民的网络安全感知。

除恶意的黑客行为以外，非人为因素也能导致网络不安全事故。如在 2006 年 12 月 27 日，受南海海域发生强烈地震的影响，多条国际海底通信光缆发生中断，造成中国大陆至台湾地区、美国和欧洲等方向的通信线路中断，中国网民无法正常使用互联

---

① 刘育英：《上周中国 81 个政府网站被黑 4 省部级仍未恢复》，人民网，2010 年 5 月 19 日。http：//finance. people. com. cn/GB/11633504. html。

② 《全国大范围 DNS 服务器故障 疑遭受黑客攻击》，中国网，2014 年 1 月 22 日。http：//news. china. com. cn/2014 – 01/22/content_ 31267773. htm。

③ 国家互联网应急中心： 《2013 年我国互联网网络安全态势综述——CNCERT 观点》，2014 年 7 月 29 日。http：//www. cac. gov. cn/2014 – 07/29/c_ 1111803110. htm。

网，国际及港澳台话音和专线业务受到一定影响。①

欧盟同样是网络不安全的受害者。根据欧盟委员会估计，只有12%的网民认为他们能安全地在互联网上进行交易。② 欧盟前外交与安全政策高级代表阿什顿认为，网络犯罪使欧盟每年蒙受的经济损失高达数千亿欧元。③

2007年4月27日，爱沙尼亚议会、政府部门、银行、报社和电台的网页被"黑客"攻击。欧洲媒体认为，爱沙尼亚是首个遭受"网络灾难"的欧洲国家。这一攻击持续数日，在国际上引起了巨大的震动和反响。2010年以来，英国的伦敦证券交易所的网络体系曾多次出现异常情况。电脑专家认为，这些异常与"黑客"的行为不无关系。

2010年2月，欧盟的碳排放交易系统（Emissions Trading Scheme，ETS）受黑客攻击后被迫关闭。黑客向ETS的使用者发出电子邮件，要求其登陆一个网站后提供用户名和密码等重要信息。受害者涉及德国、比利时、丹麦、希腊、荷兰和西班牙等国。④ 同年7月25日午夜，该系统的官网再次受到攻击，首页被一个搞笑的网页占领22小时。⑤ 翌年1月19日，这一被视为

---

① 《全国大范围DNS服务器故障 疑遭受黑客攻击》，中国网，2014年1月22日。http：//news. china. com. cn/2014 – 01/22/content_ 31267773. htm。

② "Pillar III：Trust & Security". http：//ec. europa. eu/digital-agenda/en/our-goals/pillar-iii-trust-security.

③ "Remarks by EU High Representative Catherine Ashton at press conference on the launch of the EU's Cyber Security Strategy, Brussels", 7 February, 2013.

④ "Cyber fraudsters attack EU's carbon trading system", February 4, 2010. http：//www. eubusiness. com/news-eu/fraud-climate. 2jo/.

⑤ Leigh Phillips, "Hackers shut down EU carbon-trading website", July 26, 2010.

"世界上最成功的碳交易网络市场"又遭黑客袭击，一家捷克公司称其价值 580 万欧元的碳配额（carbon allowances）不翼而飞。①

2010 年 12 月，法国财政部的电脑系统遭遇网络黑客的持续攻击，与法国对 G20 和其他国际经济事务的政策有关的大量信息资料被盗。法国国家信息技术安全局认为，这是有史以来针对法国政府的规模最大、危害性最严重的一次网络袭击。②

中国和欧盟甚至还是美国"棱镜丑闻"的受害者。据报道，中国企业华为成为美国国家安全局（NSA）制定的代号"Shotgiant"项目的攻击目标。自 2007 年开始，NSA 侵入该公司的服务器，并监控企业高层管理人员的通信，以判断其是否与中国政府有联系。此外，NSA 复制了 1400 多名客户资料和工程师使用的内部训练文件。③ 根据"棱镜事件"主角斯诺登的"爆料"，中国是东亚地区的首要监听对象，在全世界被美国监听的 90 多个城市中，香港、北京、上海、成都和台北等城市榜上有名。④

欧盟也是 NSA 攻击的目标。据报道，NSA 不仅对普通人进行网络监视，而且还对欧盟的机构以及欧盟驻美国首都华盛顿的外

---

① Andrew Willis, "Attacks force closure of EU's emissions trading system", January 20, 2011. https://euobserver.com/environment/31671.

② 《法国财政部遭史上最严重黑客攻击 机密信息被盗》，新华网，2011 年 3 月 8 日。http://news.xinhuanet.com/world/2011 - 03/08/c_121162140.htm。

③ 《华为回应 NSA "入侵门"：反对一切危害网络安全的行为》，新华网，2014 年 3 月 24 日。http://news.xinhuanet.com/fortune/2014 - 03/24/c_119921158.htm。

④ 《美国全球监控地图曝光：中国 5 大城市成监控重点》，新华网，2013 年 10 月 31 日。http://news.xinhuanet.com/world/2013 - 10/31/c_125625834.htm。

交机构实施这一不光彩的行为。① 美国甚至对其"盟友"德国的默克尔总理也进行窃听。2014 年 6 月 4 日德国联邦检察官哈拉尔德·兰格宣布，决定对 NSA 窃听默克尔总理手机这一在欧洲引起轩然大波的事件立案调查。②

（三）网络安全已成为全球治理的重要组成部分。网络安全涉及网民的个人自由、人权、公共道德、财产权、企业竞争的方式、市场管理、政府的政策、应对冲突和危机的技术手段以及国家主权等领域。此外，形式多样的网络犯罪是跨国界的。因此，网络安全既与网民、企业、公民社会和政府有关，也与技术进步、外交政策和国际关系有关。③ 欧盟认为，在过去的二十年，网络化对世界各国产生了重大影响。人民的日常生活、基本权利、社会交际和经济越来越依赖网络化。开放和自由的网络不仅促进了政治和社会的包容性，而且还打破了国与国之间、社区之间、人与人之间的隔阂，使信息和观念在全球范围内得以交流和分享。④ 根据世界经济论坛的估计，目前世界上约有 20 亿人使用互联网。而且，这一数字在不断地扩大。⑤ 至 2020 年，全世界将

① Laura Poitras, Marcel Rosenbach, Fidelius Schmid and Holger Stark, "Attacks from America: NSA Spied on European Union Offices", SPIEGEL ON-LINE International, June 29, 2013. http: //www. spiegel. de/international/europe/nsa-spied-on-european-union-offices-a-908590. html.

② 《德国正式调查美国安局窃听默克尔手机》，新华网，2014 年 6 月 5 日。http: //news. xinhuanet. com/world/2014 – 06/05/c_ 126580770. htm。

③ Eric Brousseau, Meryem Marzouki and Cécile Méadel (eds.), *Governance, Regulations and Powers on the Internet*, Cambridge University Press, 2012, pp. 2 – 6.

④ European Commission, "Cybersecurity Strategy of the European Union: An Open, Safe and Secure Cyberspace", February 7, 2013, p. 2.

⑤ World Economic Forum, "Risk and Responsibility in a Hyperconnected World: Pathways to Global Cyber Resilience", January 2014. http: //www. weforum. org/news/increased-cyber-security-can-save-global-economy-trillions.

有 500 亿个设备与互联网相连。①

　　诚然，以互联网为基础的网络化为世界各国创造了不计其数的财富，但这同时也意味着，确保网络安全的紧迫性和艰巨性日益凸显。总部设在美国加利福尼亚州的防病毒软件供应商赛门铁克公司认为，2013 年，全世界发生的网络攻击造成的经济损失高达 1130 亿美元。② 世界经济论坛发表的研究报告认为，如果不能尽快强化网络安全，至 2020 年，世界经济蒙受的巨大损失将高达 3 万亿美元。③

　　自然灾害等人类不可抗拒的事故也能对网络安全造成破坏，但国际社会关注的主要是人的主观行为对网络安全的破坏。人为的破坏是跨国界的，因此，如何应对这样的行为，应该是国际合作的内容之一。

　　中国与欧盟的关系日益密切。事实上，中欧关系早已超出传统的贸易和投资关系，稳步走向全面战略伙伴关系。尤其在近几年，双方在全球治理中的合作已成为这一关系的重要组成部分，而且已初见成效。

　　2013 年 11 月举行的第十六次中欧领导人会晤共同制定了《中欧合作 2020 战略规划》。这一规划确定了中欧在和平与安全、繁荣、可持续发展、人文交流等领域加强合作的共同目标。根据这一规划，"中欧将致力于建立基于规则的、更加有效、透明、公正、合理的国际治理体系……在全球经济治理问题上的协调"。

---

① "CEO to shareholders：50 billion connections 2020"，Ericsson，April 13，2010.

② 转引自 Christine Hall，"The Hidden Cost of Cyber Crime"，*Forbes*，March 20，2014。http：//www. forbes. com/sites/sungardas/2014/03/20/the-hidden-cost-of-cyber-crime/。

③ World Economic Forum，"Risk and Responsibility in a Hyperconnected World：Pathways to Global Cyber Resilience"，January 2014. http：//www. we-forum. org/news/increased-cyber-security-can-save-global-economy-trillions.

因此，中欧在网络安全领域的合作，既有利于推动全球治理，也有利于维护各自的网络安全，并能促进中欧全面战略伙伴关系的发展。

目前，全球互联网治理体系变革尚处于起步阶段。毫无疑问，这一改革的成败与否，将对互联网的发展方向产生重大影响。

中方已提出了在推进全球互联网治理体系变革时应该坚持的四个原则：（1）尊重网络主权。《联合国宪章》确立的主权平等原则是当代国际关系的基本准则，覆盖国与国交往各个领域，其原则和精神也应该适用于网络空间。（2）维护和平安全。一个安全稳定繁荣的网络空间，对各国乃至世界都具有重大意义。网络空间，不应成为各国角力的战场，更不能成为违法犯罪的温床。各国应该共同努力，防范和反对利用网络空间进行的恐怖、淫秽、贩毒、洗钱、赌博等犯罪活动。（3）促进开放合作。完善全球互联网治理体系，维护网络空间秩序，必须坚持同舟共济、互信互利的理念，摒弃零和博弈、赢者通吃的旧观念。（4）构建良好秩序。自由是秩序的目的，秩序是自由的保障。既要尊重网民交流思想、表达意愿的权利，也要依法构建良好网络秩序，这有利于保障广大网民合法权益。网络空间不是"法外之地"。①

中方提出的上述原则符合各国利益，与欧盟的主张基本相似。因此，中欧在推动全球互联网治理体系变革时也应该遵循上述原则。

二　中欧网络安全战略的特点

（一）中国网络安全战略的特点

中国极为重视网络安全。中共中央总书记、国家主席、中央

---

①　《习近平在第二届世界互联网大会开幕式上的讲话》，新华网，2015 年 12 月 16 日。http：//news. xinhuanet. com/politics/2015 – 12/16/c_ 1117481089. htm。

军委主席习近平亲自担任中央网络安全和信息化领导小组组长。他认为，没有网络安全就没有国家安全，没有信息化就没有现代化。他还指出，网络安全和信息化对一个国家很多领域都是牵一发而动全身的，是一体之两翼、驱动之双轮，必须统一谋划、统一部署、统一推进、统一实施。①

2015 年 7 月 1 日第十二届全国人民代表大会常务委员会第十五次会议通过的《中华人民共和国国家安全法》第二十五条规定："国家建设网络与信息安全保障体系，提升网络与信息安全保护能力，加强网络和信息技术的创新研究和开发应用，实现网络和信息核心技术、关键基础设施和重要领域信息系统及数据的安全可控；加强网络管理，防范、制止和依法惩治网络攻击、网络入侵、网络窃密、散布违法有害信息等网络违法犯罪行为，维护国家网络空间主权、安全和发展利益。"

中国的网络安全战略具有以下特点：

1. 依法管理互联网。中国国务院新闻办公室 2010 年 6 月 8 日发表的《中国互联网状况》白皮书指出，中国坚持审慎立法、科学立法，为互联网发展预留空间。1994 年以来，中国颁布了一系列与互联网管理相关的法律法规，对基础电信业务经营者、互联网接入服务提供者、互联网信息服务提供者、政府管理部门及互联网用户等行为主体的责任与义务作出了规定。② 此外，《中

---

① 《习近平：把我国从网络大国建设成为网络强国》，新华网，2014 年 2 月 27 日。http：//news. xinhuanet. com/politics/2014－02/27/c_ 11953 8788. htm。

② 中国的这些法律法规主要包括：《全国人民代表大会常务委员会关于维护互联网安全的决定》《中华人民共和国电子签名法》《中华人民共和国电信条例》《互联网信息服务管理办法》《中华人民共和国计算机信息系统安全保护条例》《信息网络传播权保护条例》《外商投资电信企业管理规定》《计算机信息网络国际联网安全保护管理办法》《互联网新闻信息服务管理规定》以及《互联网电子公告服务管理规定》。

华人民共和国刑法》《中华人民共和国民法通则》《中华人民共和国著作权法》《中华人民共和国未成年人保护法》《中华人民共和国治安管理处罚法》等法律的有关条款同样适用于互联网管理。

中国政府认为，互联网是国家重要基础设施，中国境内的互联网属于中国主权管辖范围，中国的互联网主权应受到尊重和维护。

2. 明确界定维护网络安全的宗旨和破坏网络安全的犯罪行为。根据 2000 年 12 月 28 日第九届全国人民代表大会常务委员会第十九次会议通过的《全国人民代表大会常务委员会关于维护互联网安全的决定》（以下简称《互联网安全的决定》），中国维护网络安全的目标是：（1）保障互联网的运行安全；（2）维护国家安全和社会稳定；（3）维护社会主义市场经济秩序和社会管理秩序；（4）保护个人、法人和其他组织的人身、财产等合法权利。

为了"兴利除弊，促进我国互联网的健康发展，维护国家安全和社会公共利益，保护个人、法人和其他组织的合法权益"，《互联网安全的决定》还明确界定了依照刑法有关规定追究刑事责任的 15 种破坏网络安全的犯罪行为，其中包括：侵入国家事务、国防建设、尖端科学技术领域的计算机信息系统；故意制作、传播计算机病毒等破坏性程序，攻击计算机系统及通信网络，致使计算机系统及通信网络遭受损害。[1]

3. 主张以技术手段抵御网络犯罪。《互联网安全的决定》要求各级人民政府及有关部门要采取积极措施，在促进互联网的应用和网络技术的普及过程中，重视和支持对网络安全技术的研究

---

[1] 《中华人民共和国刑法》《中华人民共和国治安管理处罚法》《中华人民共和国电信条例》《计算机信息系统安全保护条例》《互联网信息服务管理办法》和《计算机信息网络国际联网安全保护管理办法》等法律法规也明确表达了维护网络安全的宗旨。

和开发，增强网络的安全防护能力。在中央网络安全和信息化领导小组第一次会议（2014 年 2 月 27 日）上，习近平表示，建设网络强国，要有自己的技术，有过硬的技术；要制定全面的信息技术、网络技术研究发展战略，下大力气解决科研成果转化问题。①

（二）欧盟网络安全战略的特点

早在 1984 年，荷兰海牙的媒体就使用了"计算机犯罪"这一词汇。这是该词汇首次出现在欧洲媒体上。② 欧盟认为，网络安全对欧盟的经济运行、社会福利、国家安全和对外关系都会产生重大影响。③

欧盟同样十分重视网络安全。2013 年 2 月 7 日，欧盟委员会在提交欧洲议会和欧洲理事会等机构审议的"欧盟网络安全战略"中指出，因特网对世界各国人民的"日常生活、基本权利、社会交往和经济"产生了重大影响。为了确保因特网的"开放性"和"自由度"以及维护欧盟推崇的法治观念，必须抵御各种形式的网络事故、恶意活动和不当的使用。④

2013 年 1 月 11 日，欧洲网络犯罪中心在荷兰首都海牙成立。

---

① 《习近平：把我国从网络大国建设成为网络强国》，新华网，2014 年 2 月 27 日。http：//news. xinhuanet. com/politics/2014 - 02/27/c_ 119538788. htm。

② 《欧洲网络犯罪中心 11 日在荷兰首都海牙正式成立》，新华网，2013 年 1 月 12 日。http：//news. xinhuanet. com/world/2013 - 01/12/c_ 124222364. htm。

③ European Commission, "Proposal for a Directive of the European Parliament and of the Council concerning measures to ensure a high common level of network and information security across the Union", Brussels, February 7, 2013.

④ European Commission, "Cybersecurity Strategy of the European Union：An Open, Safe and Secure Cyberspace", 7 February, 2013, p. 2.

该中心的宗旨是收集和处理信息，帮助有关部门展开调查或打击网络犯罪，制定加强网络安全战略，配合有关部门开展网络安全领域的研究和培训，与私人部门、研究机构、非政府组织以及欧盟委员会的有关部门在网络安全领域加强合作。① 当时，欧洲债务危机尚未平息，经济形势不佳，资金短缺现象凸显。在这一经济背景下成立欧洲网络犯罪中心，足以说明欧盟强化网络安全的决心是巨大的。

欧盟的网络安全战略具有以下特点：

1. 重视技术进步在网络安全领域中的重要作用。欧盟认为，网络技术不断进步，从事网络犯罪活动的技术同样日新月异，因此，预防网络犯罪活动的技术也应该得到相应的、更快的改进。为达到这一目标，ICT（Information Communication Technology）领域的企业从事更多的研发活动，欧盟应该在资金上为其提供必要的扶持。

为密切跟踪网络"黑客"的技术动向，欧盟要求受到网络犯罪攻击的任何一个实体或个人都应该立即向欧洲网络犯罪中心报告。此外，根据2010年5月通过的"欧洲数字议程"（Digital Agenda for Europe），欧盟委员会还在2012年9月11日成立了计算机应急反应小组（Computer Emergency Response Team, CERT-EU）。该小组能在最短的时间内动员最强的技术力量，尽快修复被攻陷的网络系统。

欧盟认为，欧盟成员国拥有先进的研发能力和生产能力，但依然大量进口第三方的ICT产品和服务。为了减少网络安全面临的风险，欧盟成员国应该最大限度地减少对第三方产品的依赖。

2. 要求欧盟机构与成员国各司其职。欧盟认为，成员国应该承担维系网络安全的主要责任，但欧盟委员会等机构也应在欧盟

---

① 欧洲网络犯罪中心之所以设在海牙，主要是因为国际法院和欧洲刑警组织的总部都在那里。

层面上制定相应的战略，在政策、技术和执法等领域帮助成员国有效地维系网络安全和打击网络犯罪活动。

在欧盟层面上，网络安全的领导机构是欧盟委员会通信与网络技术总司（DG CONNECT）、欧洲网络信息安全署（ENISA）以及欧洲网络犯罪中心（European Cybercrime Centre）。欧盟的网络安全政策由这些机构制定和实施。欧洲警察局（Europol）、欧洲警察学院（European Police College）和欧洲检察官组织（Eurojust）负责打击网络犯罪，欧盟对外行动署（EEAS）和欧洲防务局（EDA）负责网络安全领域的国际合作。

3. 鼓励军民合作。欧盟成员国的军方掌握大量高超的电脑技术。而且，电脑"黑客"攻击的对象不分军用和民用的网络体系。因此，欧盟鼓励军民在维系网络安全时加强合作，以最大限度地发挥其协同效果（synergies）。欧盟认为，尤其在研究与开发、信息交换、早期预警、风险评估和提高风险意识等领域，军民合作尤为重要。

4. 强化与北大西洋公约组织（以下简称北约）的合作。[1] 欧盟认为，在强化网络安全的过程中，必须重视北大西洋公约组织的重要作用，因为双方拥有共同的价值观和战略利益。欧盟认为，北约不仅能在传统的安全领域提供安全保障，而且还能在非传统安全领域助一臂之力。此外，北约拥有世界上最先进的网络安全技术。2002 年 11 月 21 日召开的北约布拉格峰会把"强化抵御网络攻击的能力"纳入其防务战略后，欧盟与北约在网络安全

---

[1]　2007 年 4 月 27 日爱沙尼亚遭受严重的网络攻击后，北约进一步认识到强化网络安全的重要性。2008 年 1 月，北约公布了网络防务战略。2011 年 6 月和 2014 年 6 月，北约进一步修改和充实了这一战略。其核心内容是构建网络安全的组织机构，充分利用北约成员国的网络技术优势，力求达到防患于未然的目的。http://www. nato. int/cps/en/natohq/topics _ 78 170. htm。

领域的合作加快了步伐。①

乌克兰危机爆发后，西方指责俄罗斯对乌克兰发动了"混合战争"（Hybrid warfare）。北约秘书长斯托尔滕伯格和欧盟外交与安全政策高级代表莫盖里尼均表示，"混合战争"是一种囊括常规战争和非常规战争（如网络攻击、心理战争和策反等）的新型战争。因此，面对这一新型的"战争"，欧盟与北约有必要进一步加强合作。②

三　中欧在网络安全领域加强合作的方式方法

中欧双方都主张在网络安全领域开展国际合作。中国认为，各国应在平等互利的基础上，通过建立双边交流机制，开展多形式、多渠道、多层次的交流与合作，就互联网政策、互联网立法、互联网安全等问题交流观点、经验和做法，平等协商解决分歧。③ 欧盟认为，网络犯罪是跨国界的，因此欧盟及其成员国应该在打击网络犯罪的过程中加强与国际机构或其他国家加强合作。合作的领域包括执法、信息的交流和共享以及网络安全技术的研发。④

中欧在网络安全领域加强合作的方式方法多种多样，其中最

---

① NATO, "Prague Summit Declaration", Issued by the Heads of State and Government participating in the meeting of the North Atlantic Council in Prague on 21 November 2002. http：//www. nato. int/docu/pr/2002/p02 - 127e. htm.

② "NATO, EU Work Together Against 'Hybrid Warfare'", AFP, May 14, 2015. http：//www. securityweek. com/nato-eu-work-together-against-hybrid-warfare.

③ 中国国务院新闻办公室：《中国互联网状况》白皮书，2010 年 6 月 8 日。

④ European Commission, "Cybersecurity Strategy of the European Union：An Open, Safe and Secure Cyberspace", 7 February, 2013, p. 16.

重要的是以下几种：

（一）强化政治互信。政治互信是国际合作的必要条件之一。中美在网络安全领域的合作举步维艰的原因之一是缺乏政治互信，相互指责。① 因此，中欧如要在网络安全领域展开真诚而有效的合作，必须避免相互攻击和相互指责，否则就无法构建合作的政治基础。北约前秘书长索拉纳认为，中欧在网络安全领域的合作之所以能不同于中美在这一领域的合作，主要是因为中欧能"避免将对方视为网络'黑客'"。②

当然，政治互信的建立并不意味着无视分歧的存在。例如，欧盟认为，欧盟在现实世界中恪守的价值观，同样适用于网络世界。因此，欧盟主张在网络世界中也要保护"基本权利"（fundamental rights）、"言论自由"及"个人信息的隐私"。③ 阿什顿甚至认为，互联网和社会媒体在"阿拉伯之春"中发挥了重要作用。④ 而中国政府则认为，中国公民及在中国境内的外国公民、法人和其他组织在享有使用互联网权利和自由的同时，应当遵守中国法律法规，自觉维护互联网安全。公民在行使自由和权利的时候，不得损害国家、社会、集体的利益和其他公民的合法的自

---

① 在 2014 年 6 月 10 日举行的外交部记者会上，发言人华春莹说，美国不必把自己装扮成受害者，它自己就是"黑客帝国"，这是地球人都知道的事实。美方不思反省，不思检点，反而仍在无理指责和攻击别国，这样的做法不具任何建设性。http：//www. fmprc. gov. cn/mfa_ chn/fyrbt_ 60224 3/jzhsl_ 602247/t1164078. shtml.

② 索拉纳在清华大学主办的第四届世界和平论坛（2015 年 6 月 27 日）第 4 组"国际网络安全合作"小组讨论会上的发言。

③ European Commission, "Cybersecurity Strategy of the European Union: An Open, Safe and Secure Cyberspace", 7 February, 2013, pp. 3 – 4.

④ "Remarks by EU High Representative Catherine Ashton at press conference on the launch of the EU's Cyber Security Strategy", Brussels, 7 February, 2013. http：//europa. eu/rapid/press – release_ SPEECH – 13 – 108_ en. htm.

由和权利，任何组织或个人不得利用电信网络从事危害国家安全、社会公共利益或者他人合法权益的活动。①

由此可见，中欧对所谓网民的"基本权利""言论自由"及"个人信息的隐私"等概念的认识和理解并不完全相同。这是中欧双方在构建政治互信时应该注意的问题。

（二）进一步发挥中欧网络工作小组的作用。2012年2月14日，第十四次中欧领导人会晤在中国北京举行。在这一峰会上，双方认识到深化在网络问题上的理解与互信的重要性，并表示"愿加强交流与合作，应对障碍与威胁，以最大限度发挥安全的信息通信技术以及互联网在促进经济和社会发展方面的积极作用，并愿就共同面临的风险交换意见"。为此，双方同意成立中欧网络工作小组（EU-China Cyber Taskforce）。②

毫无疑问，为了强化中欧在网络安全领域的合作，该工作小组应该加大工作力度，发挥更为重要的作用，避免成为一种形式上的合作。

在一定程度上，中欧网络工作小组可以借鉴欧美网络安全与网络犯罪工作组（EU-US Working Group on Cyber-Security and Cyber-Crime）的做法和经验。众所周知，欧盟与美国在网络安全领域开展了颇有成效的合作。2010年11月20日举行的欧美峰会成立了这一工作组。③该工作组的宗旨是：处理网络安全事故、在

① 中国国务院新闻办公室：《中国互联网状况》白皮书，2010年6月8日。http：//www. scio. gov. cn/zfbps/ndhf/2010/Document/662572/662572. htm。

② 《第十四次中欧领导人会晤联合新闻公报》，2012年2月14日。http：//www. fmprc. gov. cn/mfa ＿ chn/ziliao ＿ 611306/1179 ＿ 611310/t904825. shtml；http：//www. gov. cn/jrzg/2012－02/14/content＿ 2066680. htm。

③ European Commission, "Cyber security：EU and US strengthen transatlantic cooperation in face of mounting global cyber－security and cyber－crime threats", Brussels, 14th April, 2011. http：//europa. eu/rapid/press-release＿MEMO-11-246＿ en. htm.

构建网络基础设施的过程中加强公共部门与私人部门的合作、开展网络安全宣传活动以及打击网络犯罪。

（三）完善信息交流机制。作为一种非法活动，网络"黑客"的种种行为具有较强的隐秘性。因此，为了抵御和打击这样的非法活动，必须及早发现安全隐患和提升防范能力。中欧双方应该在互信的基础上建立一种信息交流机制。这一机制可纳入中欧网络工作小组的工作范围。但是，信息交流不应该是每年一次或每半年一次，而是应该经常性的，必要时甚至应该是天天交流。此外，交流的范围应该是宽泛的。除与国家安全有关的信息以外，其他信息都应该进行交流。

（四）举办网络安全联合演习。网络攻击和网络犯罪是突发性的。因此，在应对这些行为时，有必要采取果断、快速、有力和准确的动作。为了达到这一目的，经验的积累十分重要。举行演习无疑是积累经验的有效手段

2010年11月5日，欧盟举行了名为"2010网络欧洲（Cyber Europe 2010）"的首次网络战争模拟演习。① 迄今为止，欧盟已举行了3次演习。最近的一次在2014年10月30日举行，共有200个机构和400个网络安全专家参与，是规模最大的一次演习。②

根据2010年11月20日欧美峰会达成的共识，双方在2011年11月3日共同举办了名为"2011网络大西洋"（Cyber Atlantic 2011）的首次网络战争模拟演习。该演习设定了两个假设：一是

---

① John E. Dunn, "EU carries out first cyberwarfare simulation", Computerworld UK, November 5, 2010. http：//www. computerworlduk. com/news/security/eu-carries-out-first-cyberwarfare-simulation-3247431/.

② European Commission, "Biggest ever cyber security exercise in Europe today", 30 October, 2014. http：//europa. eu/rapid/press-release_ IP-14－1227_ en. htm.

网络信息被盗，二是电力基础设施的控制系统被"黑客"破坏。①

中欧也应该举行网络安全联合演习。第一次演习的规模不宜过于庞大，设定的目标以常见的网络信息被盗为主。今后可将演习的规模逐步扩大，设定的目标也可多元化。

（五）探讨中欧共建海底光缆的可能性。2014 年 2 月 24 日举行的欧盟与巴西峰会决定铺设一条海底光缆。② 中欧关系在快速发展，各个领域的交往越来越频繁。双方也应该积极探讨共建海底光缆的可能性。毫无疑问，这一光缆既能完善双方在互联网领域的基础设施，也能避免美国的网络监控。

（六）加强技术交流。在网络安全领域，中欧的技术能力均有各自的比较优势。例如，中国在可信计算技术研究方面起步较早，在可信芯片、可信计算机、安全操作系统、可信计算标准制定等领域先后开展了大量的研究工作，取得了可喜的成果。目前，中国已经形成了以密码为基础、芯片为信任根、主板为平台、软件为核心、网络为纽带、应用成体系的可信计算技术框架，理论和技术水平都居国际前列。③ 因此，在网络安全领域加强技术交流，必然是一种"双赢"。

应该指出的是，欧盟认为，进入欧盟市场的信息与通信设备（包括硬件和软件）必须是"值得信赖"和"安全"的。而且，欧盟还认为，必须警惕这样一种风险，即信息与通信设备的供给

---

① ENISA, "First joint EU – US cyber security exercise conducted today", 3 November, 2011. http://www. enisa. europa. eu/media/press-releases/first-joint-eu-us-cyber-security-exercise-conducted-today-3rd-nov. – 2011.

② "7th EU-Brazil Summit Joint Statement", Brussels, 24 February, 2014.

③ 李国敏：《从"被动封堵"到"主动防御"："可信计算"可以信赖》，《科技日报》2014 年 4 月 22 日。http://digitalpaper. stdaily. com/http_ www. kjrb. com/kjrb/html/2014 – 04/22/content_ 257768. htm。

过度依赖第三方。① 这意味着，欧盟对国际技术交流持有一定的戒备心理。但是，技术交流的形式是多种多样的。例如，通过举办研讨会、技术培训班和讲习班等形式，双方同样可以在网络安全技术领域达到取长补短、相得益彰的目的。

（七）既要与欧盟合作，又要与成员国合作。作为国际体系中的一个特殊的超国家行为体，欧盟在各个领域的作用是极为显赫的。但在网络安全领域和其他一些问题上，欧盟成员国的作用同样是不容低估的。事实上，在欧盟发表的关于网络安全的文件中，都明确要求成员国承担必要的义务。因此，中欧在网络安全领域的合作应该在两个层面上推进：既要与欧盟委员会等机构合作，又要与不同的成员国合作。

其实，在网络安全领域，一些欧盟成员国的制度建设、技术水平及应对危机的能力居于世界领先水平。例如，根据英国经济学家情报社（Economist Intelligence Unit）和美国博思艾伦咨询公司（Booz Allen Hamilton）公布的"网络力量指数"（Cyber Power Index），排在前十位的国家依次是英国、美国、澳大利亚、德国、加拿大、法国、韩国、日本、意大利和巴西，中国居于第13位。②

（八）推动中国军方与欧盟成员国军方在网络安全领域的合作。目前，世界上任何一个国家的军队都高度依赖信息化，因此其电脑技术之高超是毋庸讳言的。美国多次毫无根据地指责与中国军队有关联的网络"黑客"经常性地入侵电脑系统。美国司法部甚至要起诉5名中国军人，因为他们帮助中国企业窃取美国企

---

① European Commission, "Cybersecurity Strategy of the European Union: An Open, Safe and Secure Cyberspace", 7 February, 2013, p. 12.

② "网络力量"的含义是抵御网络攻击的能力。该指数囊括39个指标，覆盖面主要是二十国集团中除欧盟以外的19个成员国。参见 Economist Intelligence Unit and Booz Allen Hamilton, *Cyber Power Index: Findings and Methodology*, 2011, p. 4。http://www.boozallen.com/insights/2012/01/cyber-power-index. %20on%2023%20October%202014。

业的商业秘密。中国外交部发言人洪磊表示，中国政府和军队绝不会支持任何"黑客"行为，因此美方有关指责完全是站不住脚的。①

一方面，中方与欧方并未在网络安全领域相互指责，从而为双方在各个领域的合作创造了良好的政治条件；另一方面，《中欧合作2020战略规划》确定了双方在"和平与安全"领域加强合作的多个倡议，其中包括"支持并推动构建和平、安全、有弹性和开放的网络空间。通过中欧网络工作小组等平台，推动双方在网络领域的互信与合作"。由此可见，中欧双方的军队应该在网络安全领域开展更为深入的合作，合作的内容可以技术交流为主。

然而，欧盟成员国的军方与北约保持着极为密切的关系。因此，中欧的军方能否在网络安全领域合作，还取决于北约的态度。

（九）在制定国际规则的过程中加强合作。互联网领域的国际规则尚未最终成型。各国的主张有较大的差异，因此，在可预见的将来，国际社会很难形成一个有效地管理和维系网络安全的国际法。但这一困难的存在并不意味着中欧无法在制定国际规则的过程中加强合作。

2001年11月23日，27个欧洲国家和4个非欧洲国家（加拿大、日本、南非和美国）在匈牙利首都签署了《网络犯罪公约》（Convention on Cybercrime）（又名《布达佩斯公约》或《布达佩斯网络犯罪公约》）。② 迄今为止，世界上共有54个国家签署了

① 《外交部：美方指责中国军方黑客入侵毫无根据》，新华网，2014年9月19日。http：//news. xinhuanet. com/mil/2014－09/19/c＿12700 3376. htm。

② 成立于1949年的欧洲委员会（Council of Europe）为《布达佩斯公约》的问世作出了贡献。该委员会拥有47个成员，是欧洲最大的人权组织，在国际事务中发挥了不容低估的作用。http：//www. coe. int/en/ web/about-us/who-we-are。

该公约（其中 7 个国家尚未得到其立法机关的批准）。① 这被认为是网络安全领域最早问世、成员国最多的国际公约。

中国不接受这一公约。② 中国主张发挥联合国在国际互联网管理中的作用。中国支持建立一个在联合国框架下的、全球范围内经过民主程序产生的、权威的、公正的互联网国际管理机构。互联网基础资源关系到互联网的发展与安全。中国认为，各国都有参与国际互联网基础资源管理的平等权利，应在现有管理模式的基础上，建立一个多边的、透明的国际互联网基础资源分配体系，合理分配互联网基础资源，促进全球互联网均衡发展。③

但是，欧盟"并不希望国际社会为应对网络安全问题而制定新的法律工具"。欧盟认为，《布达佩斯公约》"为各国制定网络安全法规和开展国际合作提供了范本（model）"。欧盟希望"《公民权利和政治权利国际公约》《欧洲人权公约》以及《欧盟基本权利宪章》的法律义务在互联网上同样得到尊重"。④ 由此可见，中欧在制定网络安全领域的国际规则时，拥有不同的理念和不同的主张，但双方依然有必要开展合作。

---

① Council of Europe，"Chart of signatures and ratifications of Treaty 185：Convention on Cybercrime"（Status as of 23/05/2016）．http：//conventions. coe. int/Treaty/Commun/ChercheSig. asp？NT ＝ 185&CM ＝ &DF ＝ &CL ＝ ENG.

② 中国不接受《布达佩斯公约》的原因是多方面的，涉及刑事管辖权、网络犯罪的定义、公平性、普适性以及与中国法律的不兼容等一系列问题。参见于志刚《"信息化跨国犯罪"时代与〈网络犯罪公约〉的中国取舍——兼论网络犯罪刑事管辖权的理念重塑和规则重建》，《法学论坛》2013 年第 2 期。

③ 中国国务院新闻办公室：《中国互联网状况》白皮书，2010 年 6 月 8 日。http：//www. scio. gov. cn/zfbps/ndhf/2010/Document/662572/662572_ 6. htm。

④ European Commission，"Cybersecurity Strategy of the European Union：An Open，Safe and Secure Cyberspace"，7 February，2013，p. 15.

最后应该指出的是，中欧在网络安全领域开展合作时，有必要发挥所有"利益攸关者"（政府、国有企业和私人企业、学术界、军方、非政府组织和普通消费者）的积极性和主观能动性。只有群策群力，才能事半功倍。

四　小结

互联网在中欧经济和社会发展进程中的地位不容低估。由于形式多样的网络犯罪具有跨国界的特点，因此，中欧有必要在网络安全领域加强合作。这一合作既有利于发挥双方在全球治理中的积极作用，也有利于推动 2003 年建立的中欧全面战略伙伴关系，更有利于发挥互联网在各种经济和社会发展进程中的巨大作用。

中欧在网络安全领域加强合作的必要性，与以下三个因素密切相关：互联网在中欧双方的经济和社会发展进程中居于十分重要的地位；中欧都是网络不安全的受害者，也是美国"网络霸权"的受害者；网络安全已成为全球治理的重要组成部分。

中欧在网络安全领域加强合作的方式方法多种多样，其中最重要的是：强化政治互信；进一步发挥中欧网络工作小组的作用；举办网络安全联合演习；加强技术交流；既要与欧盟合作，又要与成员国合作；推动中国军方与欧盟成员国军方在网络安全领域的合作；在制定国际规则的过程中加强合作。

第七章　中欧在反恐领域的合作

恐怖主义是人类社会的公敌，使世界各国人民的生命和财产蒙受巨大损失。恐怖主义也是一个日益严重的全球问题，因此，反恐是全球治理的重要组成部分。国际社会对恐怖主义必须采取零容忍态度，必须予以明确反对和坚决打击。

中欧双方都是恐怖主义的受害者，因此有必要在反恐领域加强合作。毫无疑问，中欧在这一领域的合作既能为国际反恐斗争作出贡献，也能提升中欧在全球治理中的地位；既能丰富中欧全面战略伙伴关系的内涵，也能落实《中欧合作2020战略规划》确定的倡议。

一　中欧在反恐领域加强合作的必要性

安全治理（security governance）被视作全球治理的"硬案例"（hard case）。① 尤其是在"9.11"以来，如何打击恐怖主义越来越成为安全领域的一大难题。

一些欧洲学者认为，欧盟在安全领域面临着五大挑战，其中

---

① Charlotte Wagnsson, James Sperling and Jan Hallenberg（eds.）, *European Security Governance: The European Union in a Westphalian World*, Routledge, 2011, p. 82.

之一就是恐怖主义。① 事实上，中国和欧盟都是恐怖主义的受害者。2009 年 7 月 5 日，中国乌鲁木齐市发生有组织、有策划、有图谋的恐怖主义事件，致使各族居民的生命和财产蒙受巨大损失。2013 年 10 月 28 日，3 名恐怖主义者驾吉普车闯入长安街，沿途快速行驶，故意冲撞游人群众，造成 2 人死亡，40 人受伤。汽车在撞向金水桥护栏后，他们点燃车内汽油，导致车辆起火燃烧。2014 年 3 月 1 日，8 名暴徒持刀在中国云南省首府昆明市火车站广场和售票厅等处砍杀无辜群众，造成多名无辜群众死伤。经调查，这是一起由新疆分裂势力一手策划组织的严重暴力恐怖事件。

2005 年 7 月 7 日，4 名恐怖分子在伦敦 3 列地铁和一辆公交车上实施自杀式爆炸袭击，造成 52 人死亡、700 多人受伤。2015 年 1 月 7 日，法国《查理周刊》编辑部遭到武装分子袭击，造成至少 12 人死亡，另有多人受伤，死者包括两名警察。在此后不久的 2 月 14 日晚和 15 日凌晨，丹麦首都哥本哈根先后发生两起枪击案，共造成 2 人死亡，5 人受伤。丹麦伊斯兰理事会表示，所有信息都表明，哥本哈根的这起袭击事件，是恐怖主义策划的有针对性的袭击，是对言论自由的攻击。2015 年 11 月 13 日晚，巴黎发生多起恐怖袭击事件。据法国媒体报道，在恐怖分子枪击和爆炸中已有至少百余人死亡，另有数十人受伤。法国总统奥朗德宣布全国进入紧急状态并关闭边境。2016 年 3 月 22 日，比利时首都布鲁塞尔机场和地铁站发生系列爆炸袭击事件，造成至少 34 人死亡，超过 180 人受伤。事件发生后，极端组织"伊斯兰

---

① 其他四个挑战是：大规模杀伤性武器的扩散、地区冲突、失败国家和有组织犯罪。参见 Jean-Yves Haine, "The European Security Strategy Coping with Threats: Is Europe Secure?", in Sven Biscop and Jan Joel Andersson (eds.), *The EU and the European Security Strategy: Forging a Global Europe*, Routledge, 2007, p. 21。

国"宣称对此负责。

欧盟委员会移民和内部事务总司认为，"恐怖主义在欧洲并不是一种新现象。它对我们的安全、我们的民主社会的价值观以及欧洲公民的权利和自由构成了挑战。在 2009—2013 年期间，欧盟成员国共发生了 1010 起未遂或得逞的恐怖主义袭击，38 人丧生。此外，一些欧洲公民在世界各地被绑架或杀害。……恐怖主义威胁是跨国界的，因此，必须在国别或国际层面上打击恐怖主义"①。

欧盟的反恐决心是强大的。《查理周刊》惨案发生后的第四天（即 2015 年 1 月 11 日）下午，巴黎举行反恐大游行，法国政要以及 40 多位外国领导人（其中包括德国总理默克尔、英国首相卡梅伦、意大利总理伦齐、西班牙首相拉霍伊、以色列总理内塔尼亚胡以及欧盟委员会主席容克）参加了这一活动。1 月 15 日，德国总理默克尔在德国议会发表讲演时表示，德国将用法律武器毫不留情地、有力地打击"伊斯兰暴力"。她说，为了禁止那些从事恐怖主义活动的"伊斯兰战士"离开德国，德国政府已决定取消其护照，以身份证取而代之。她坚信，民主的力量必定会战胜恐怖主义。② 在 2015 年 1 月的达沃斯世界经济论坛上，法国总统奥朗德说："千万不要让野兽在今天随意走动，因为它可能会在明天攻击你。"他要求各国工商界在反恐斗争中与政府联手，防止恐怖主义分子利用洗钱、偷税漏税和走私武器等手段助长各种恐怖主义活动。他还要求互联网公

---

① European Council, "EU fight against terrorism". http：//www. consilium. europa. eu/en/policies/fight-against-terrorism/.

② "Government Statement：Democracy is stronger than terrorism", 15. January 2015. http：//www. bundesregierung. de/Content/EN/Artikel/2015/01＿en/2015－01－15－merkel-regierungserklaerung-terrorakte-paris＿en. html.

司删除"非法"的信息和言论。① 英国首相卡梅伦多次表示，英国将毫不留情地打击恐怖主义。他甚至说，反恐是"我们这一代人的斗争"，并称英国的"自由价值观是反恐的最有力的武器"。他还表示，政府将实施一些"反激进化"计划（deradicalisation programmes），防止更多的人被极端宗教思想迷惑，尤其要打击那些对青少年灌输极端宗教思想的所谓"课外辅导班"（supplementary schools）和"教育中心"（tuition centres）。②

《查理周刊》惨案发生后第三天，欧盟理事会外交事务委员会立即召开会议，表示要在 2005 年制定的欧盟反恐战略的基础上，在国际法的框架内，通过国际合作，进一步加大反恐力度，并使反恐成为欧盟外交政策的重要组成部分。会议认为，恐怖主义对世界上所有国家的人民构成了威胁。欧盟应该强化反恐的能力建设，有的放矢地消除滋生恐怖主义的诱因，如武装冲突、贫困、武器扩散以及国家治理的脆弱性。③

欧洲警察署（Europol，又名欧洲刑警组织）在 2015 年 7 月 6 日发表的报告《2015 年欧洲恐怖主义形势及前景》认为，欧洲安全面临的恐怖主义威胁在未来会继续上升。

在中国，反恐形势同样面临着越来越严峻的局面。在一定程度上，中国正处于恐怖主义袭击的高发期。

---

① Antonia Molloy, "Davos 2015: French President Francois Hollande calls on business leaders to help fight terrorism", *Independent*, 24 January, 2015. http://www.independent.co.uk/news/business/news/davos-2015-french-president-francois-hollande-calls-on-business-leaders-to-help-fight-terrorism-9999067.html.

② Jamie Grierson, "The four pillars of David Cameron's counter-extremism strategy", *The Guardian*, 20 July, 2015. http://www.theguardian.com/politics/2015/jul/20/the-four-pillars-of-david-camerons-counter-extremism-strategy.

③ Foreign Affairs Council, "Council conclusions on counter-terrorism", Brussels, 9 February 2015.

　　正是因为中欧双方都是恐怖主义的受害者，而且，恐怖主义是一种跨国界的犯罪行为，因此，中欧有必要在反恐领域的各个方面加强合作。《第十次中欧领导人会晤联合声明》（2007 年 11 月 28 日）首次表达了中欧双方对恐怖主义的立场："双方重申谴责任何形式的、无限定表现形式的、由任何人在任何时间出于任何目的发起的恐怖主义。……双方同意加强在反恐、打击跨国有组织犯罪、偷渡和贩卖人口、毒品犯罪领域的合作。"2013 年 11 月发表的《中欧合作 2020 战略规划》要求双方"在《联合国打击跨国有组织犯罪公约》和《联合国反腐败公约》框架下，在打击跨国犯罪、非法移民、网络犯罪等方面开展具体项目合作，适时就反恐问题举行专门磋商。中欧应相互通报刑事犯罪、有组织犯罪、小武器非法贸易、绑架、偷渡、非法移民、贩卖人口、洗钱、造假、毒品、经济金融案件等犯罪活动，并开展联合行动。加强警务培训合作"。

　　2015 年 5 月 28 日，中国国务院国务委员、公安部部长郭声琨在北京会见欧洲警察署署长温赖特时表示，希望中欧双方加强交流、增进互信，建立完善合作机制，不断在打击恐怖主义和跨国有组织犯罪、追逃等领域取得合作新成效，为打造中欧和平、增长、改革、文明四大伙伴关系作出更大贡献。温赖特表示，欧洲警察署高度重视发展与中国公安部的执法合作，愿与中方加强经验交流和情报分享，进一步提升务实合作水平。①

二　中欧在反恐问题上的立场及反恐战略

　　中国在反恐问题上的立场是一贯而坚定的。早在 2003 年 10 月召开的亚太经合组织第十一次领导人非正式会议第二部分会议

---

　　①　《郭声琨会见欧洲警察署署长》，新华网，2015 年 5 月 29 日。http://news.xinhuanet.com/world/2015 – 05/29/c_ 1115453473.htm。

上，中国国家主席胡锦涛就指出了恐怖主义的根源及反恐的方式方法。他说，"9·11"事件后，国际社会加强合作，在全球范围开展了反恐斗争，取得了重大进展。但恐怖主义的威胁并未消除，国际反恐形势依然严峻，国际社会应进一步加强反恐合作，坚决同各种恐怖主义活动进行斗争。他认为，"要赢得反恐斗争的最终胜利，必须标本兼治。冲突和动荡是恐怖主义滋生的温床，贫穷和落后是恐怖主义产生的土壤。我们应在缓和地区及国际紧张局势、消除贫困和加强反恐合作三方面同时开展工作，从政治、经济、文化和社会等多方面采取措施，以彻底铲除恐怖主义"。他还强调，"中国也是恐怖主义的受害者。我们坚决反对一切形式的恐怖主义，认真遵守国际反恐公约，严格执行联合国安理会有关决议，积极参与国际社会反恐正义行动。中国的反恐努力是国际反恐斗争的重要组成部分"①。

2005年6月7日中国政府发布的《中国关于联合国改革问题的立场文件》指出，中国主张并支持打击一切形式的恐怖主义。国际反恐努力要充分发挥联合国的主导与协调作用，注意标本兼治，应避免政治化，不能采取双重标准。中国支持尽快制定全球综合反恐战略，赞同以秘书长提出的五个支柱为基础加以发展。中国支持进一步完善现有反恐条约体系和法律框架。各国应考虑尽快签署和批准现有的国际反恐公约，并本着合作和建设性态度，尽快就《关于国际恐怖主义的全面公约》草案达成一致。中国希望在恐怖主义定义问题上形成共识。有关定义可适当参照现有国际公约及安理会决议的相关规定。联合国会员国及民间组织在参与反恐合作过程中必须遵守《联合国宪章》和相关国际法准则。对反恐过程中的侵犯人权行为，应充分利用人权会现有机

---

① 《胡锦涛出席 APEC 领导人非正式会议第二部分会议》，《人民日报》（海外版）2003 年 10 月 22 日。http：//www. people. com. cn/GB/paper39/10439/951013. html。

制、公约机构和国际人道主义法监督机制加以解决，目前没有必要设立新机制。中国支持加强安理会反恐委员会职能，扩大执行局权限，特别是帮助发展中国家加强反恐能力建设，并为此设立能力建设信托基金。中国认为，有必要任命一名联合国反恐事务协调员。①

在 2014 年 5 月召开的"亚洲相互协作与信任措施会议第四次峰会"主旨发言中，中国国家主席习近平呼吁，对恐怖主义、分裂主义、极端主义这三股势力，必须采取零容忍的态度，加强国家和地区合作，加大打击力度，使本地区人民都能在安宁祥和的土地上幸福生活。② 法国《查理周刊》恐怖主义事件发生后，中国国家主席习近平向法国总统奥朗德致慰问电，对袭击行为予以强烈的谴责，向不幸遇难者表示深切的哀悼，向伤员和遇难者家属表示诚挚的慰问。习近平表示，中方一贯反对一切形式的恐怖主义，愿同法国及国际社会一道，继续加强安全和反恐领域合作。③

早在 2005 年 11 月 30 日，欧盟就公布了反恐战略。这一战略确定了反恐的原则以及反恐的"四根支柱"：

（一）预防。努力消除可能会产生恐怖主义的根源和诱因，及早发现可疑的行为（尤其是在因特网上发布可疑言论等行为），关注特殊环境（如监狱和宗教场所）的动向，通过各种媒介工具宣传欧盟的各种政策，提高各级政府的管理的水平，促进民主和教育的发展，为低收入阶层提供多种多样的救助，在欧盟内和欧

---

① 《中国政府发布关于联合国改革问题的立场文件》，新华网，2005年 6 月 8 日。http：//news. xinhuanet. com/newscenter/2005 - 06/08/content_3056782. htm。

② 《习近平在亚信峰会作主旨发言》，人民网，2014 年 5 月 21 日。http：//world. people. com. cn/n/2014/0521/c1002 - 25046183. html。

③ 《习近平：伤害无辜就是触碰底线》，人民网，2015 年 1 月 9 日。http：//politics. people. cn. n/2015/0109/c1001 - 26355703. html。

盟外鼓励开展不同文化之间的对话，反对各种形式的讨论会使用情绪化语言，加大反恐研究的力度。

（二）保护。强化对公民和公共基础设施的保护，通过采集生物特征（如指纹）等方法提升护照的安全度，建立签证信息体系（Visa Information System，VIS）和第二代申根信息体系（Schengen Information System），强化欧洲国际边界管理署（Frontex）的风险分析能力，严格执行民用航空、港口和海上运输的有关规定，制定一个保护重要基础设施的计划。

（三）追踪。强化在欧盟或全球范围内抓捕恐怖分子的能力，充分发挥欧洲警察署、欧洲司法组织（Eurojust，又名欧洲检察官组织）的作用，加大警察和司法体系的合作，相互承认司法决定（包括证据的采纳），提升执法的力度，批准有关国际公约，密切跟踪武器和爆炸物的销路，切断恐怖主义分子获取资金的渠道。

（四）反应。在应对恐怖主义袭击时加强与有关国家和国际组织的协调和沟通，提升风险评估能力，为恐怖主义的受害者提供必要的帮助。

欧盟的反恐战略要求成员国在反恐斗争中担当首要责任，但欧盟可在以下四个方面予以配合和支持：（1）通过分享信息和交流经验等方式，强化各国反恐的能力建设；（2）促进成员国之间的合作；（3）充分利用欧洲警察署、欧洲司法组织和欧洲国际边界管理署等机构的优势，强化欧盟层面上的反恐能力；（4）促进国际合作。

2007年3月29日，欧盟公布了实施欧盟反恐战略的行动计划，对如何将这一战略的四大支柱落实到实处作出了极为详细的说明。①

---

① 应该注意到，这一行动计划提到了如何与美国和俄罗斯开展合作，却未提及与中国合作。参见 Council of the European Union，"EU Action Plan on Combating Terrorism"，March 29，2007。

中国尚未公开发表成文的反恐战略，但2013年11月12日闭幕的十八届三中全会决定成立国家安全委员会这一重要举措意味着，中国的反恐战略呼之欲出。迄今为止，中国领导人的讲话以及中国在反恐领域采取的种种措施都表明，中国的反恐战略实际上与欧盟的反恐战略很相似，即同样注重预防、保护、追踪和反应。

2011年10月29日第十一届全国人民代表大会常务委员会第二十三次会议通过的《全国人民代表大会常务委员会关于加强反恐怖工作有关问题的决定》有望成为中国反恐战略的"雏形"。这一文件界定了恐怖活动的定义："恐怖活动是指以制造社会恐慌、危害公共安全或者胁迫国家机关、国际组织为目的，采取暴力、破坏、恐吓等手段，造成或者意图造成人员伤亡、重大财产损失、公共设施损坏、社会秩序混乱等严重社会危害的行为，以及煽动、资助或者以其他方式协助实施上述活动的行为。"此外，这一文件还确定了国家层面是反恐工作的领导机构，并要求公安机关、国家安全机关和人民检察院、人民法院、司法行政机关、中国人民解放军、中国人民武装警察部队和民兵组织各司其职，密切配合。①

三　中欧在反恐领域加强合作的方式方法

中欧在反恐领域的合作应着重关注以下几个方面：

（一）尽快消除中欧双方在反恐领域中的认知差距。不容否认，恐怖主义的定义多种多样，莫衷一是。阿雷克斯·施密特和艾尔伯特·容曼在其1988年出版的《政治恐怖主义》一书中列

---

① 《全国人大常委会关于加强反恐怖工作有关问题决定》，中央政府门户网站，2011年10月29日。http：//www.gov.cn/jrzg/2011 - 10/29/content_ 1981428.htm。

举了 109 种恐怖主义的定义。① 但国际社会打击恐怖主义的决心不应该因其定义多种多样而受到削弱。

必须注意到，在反恐问题上，中欧双方的官方立场以及学术界、媒体和公众的评论并非完全相同。例如，中方认为，恐怖主义与分裂主义、极端主义密切相连，而欧方则认为，分裂主义是民族问题的一个方面，未必与恐怖主义有关。② 又如，中方认为，西方国家不能包容其他文明，以傲慢和偏见对待伊斯兰教，从而诱发了弱势群体的不满，而欧方则认为，恐怖主义行为既剥夺了平民的生命，也扼杀了言论自由。再如，中方认为，美国的霸权主义和强权政治破坏了中东、北非和南亚等地区一些国家的政治稳定，从而助长了恐怖主义行为，而欧方则认为，恐怖主义的根源与这些国家的独裁统治有关。

甚至在如何打击"伊斯兰国"等问题上，中欧的立场也不尽相同。一些欧盟成员国参与了打击"伊斯兰国"的国际行动，而中国则坚持不干涉他国内政的原则。

为弥合上述"认知差距"，中欧有必要根据《中欧合作 2020 战略规划》的构想，"适时就反恐问题举行专门磋商"。除政府层面的磋商以外，学术界和媒体也应该展开对话，以寻求最大限度的共识，为双方在反恐领域的合作奠定政治基础。

此外，中方还应该明确地向欧方表明以下立场：（1）反恐不

---

① Alex P. Schmid and Albert K. Jongman, *Political Terrorism：A New Guide to Actors，Authors，Concepts，Data Bases，Theories，and Literature*, North-Holland Publishing Company，1988.

② 例如，法国《新观察家》驻京记者郭玉于 2015 年 11 月 18 日发表文章，公然为恐怖主义行径助长声势，引发了中国民众的公愤。中国外交部发言人陆慷说："郭未能就她为恐怖主义行径张目的错误言论向中国民众作出严肃道歉，已不适合继续留在中国工作。"参见《外交部发言人就法国〈新观察家〉1 名驻京记者记者证不再获准延期答记者问》，中央政府门户网站，2015 年 12 月 26 日。http：//www. gov. cn/xinwen/2015 - 12/26/content_ 5028089. htm。

能搞双重标准；（2）国际反恐合作应在联合国框架下开展；（3）消除恐怖主义根源的有效手段是妥善处理地区纠纷、恢复地区局势稳定、增强各国治理能力、加快发展经济和切实改善民生。

（二）在欧盟层面上和国别层面上开展合作。根据欧美的反恐战略和行动计划，反恐的首要担当是在成员国层面上。但在制定战略、落实行动、协调政策和提升反恐能力建设等领域，欧盟委员会、欧盟对外行动署、欧洲警察署、欧洲司法组织和欧洲国际边界管理署等部门、机构发挥着重要作用。由此可见，中方既要与有关成员国在国别层面上加强合作，也要在欧盟层面上与有关部门和机构开展合作。

（三）加强边境管控和信息交流。中欧双方都有一些人希望加入国外的恐怖主义组织，在国际上从事恐怖主义活动。迄今为止，已有数千名欧洲人出境后加入了国际上的恐怖主义组织，或直接参加"圣战"，或回到欧洲后伺机从事恐怖主义行为。据估计，截至 2015 年年底，出境接受恐怖主义组织的培训或参与"圣战"的欧洲人预计将多达 1 万人。不能排除拥有欧盟成员国国籍的恐怖分子在进入中国境内后赴新疆等地从各种非法活动的可能性。

力图在出境后加入国际恐怖主义组织和参与"圣战"的中国人同样不在少数。这意味着，中欧双方应该在边境管控等领域加强合作。

为强化边境管控，中欧双方既要经常不断地交换情报和信息，还应该与潜在的恐怖主义者选择的第三方（如东南亚国家、土耳其和叙利亚等国）加强合作。

此外，由于恐怖主义活动的蛛丝马迹具有极强的隐蔽性和时效性，因此，在金融业和其他一些容易为恐怖主义活动提供便利的部门，中欧也应该加强信息沟通，以便及早甄别和发现恐怖主义活动的前兆，防患于未然。

（四）在武器贸易领域相互支持。在法国《查理周刊》事件中，恐怖主义者使用了杀伤力极强的常规武器。法国每年都会查缴 4000 多件非法入境的常规武器。因此，欧方希望国际社会采取联合行动，切断恐怖主义者获得武器的渠道。

联合国大会于 2013 年 4 月 2 日通过了《武器贸易条约》。该条约旨在防止武器被用于恐怖活动和大规模屠杀。这是限制常规武器贸易的首个国际准则。欧盟接受了这一条约，中国不接受。一些欧洲学者认为，中国对《武器贸易条约》的不接受加大了中欧在反恐领域合作的难度。

但中国愿意与世界各国合作，防止各种武器、简易爆炸装置、化学品前体和制爆零件的非法扩散。此外，虽然发生在中国的一些恐怖主义活动中较少见到常规武器，但恐怖主义者非法进口军火的案例时有发生。事实上，即使中国尚未接受《武器贸易条约》，中欧仍然有必要与欧盟协作，阻止恐怖主义者在第三方获得任何种类的常规武器。

有些武器可被用于反恐。中方还应该以中欧在反恐领域加强合作为契机，要求欧盟取消始于 1989 年的对华武器禁运。

（五）加大在核安全领域的反恐合作。恐怖分子无所不为，因此不能排除其利用核材料发动恐怖主义袭击。大量证据表明，他们获取核材料、制造核弹或放射性物质散布装置（"脏弹"）以及蓄意破坏核设施等风险绝对不可低估。核恐怖事件一旦发生，将引发灾难性后果。毋庸置疑，核恐怖主义是对国际安全最具挑战性的威胁之一。这意味着，强有力的核安全措施是防止恐怖分子、犯罪分子及其他非授权行为者获取核材料的最有效途径。

2014 年 3 月在荷兰海牙举行的第三届核安全峰会以"加强核安全、防范核恐怖主义"为主题，中国和多个欧盟成员国的领导人或代表出席了会议。中国国家主席习近平在其重要讲话中指出，"治标和治本并重，以消除根源为目标全面推进核安全努力。完善核安全政策举措，坚持核材料供需平衡，深化打击核恐怖主义国际合作，是消除核安全隐患和核扩散风险的直接和有效途径。只有营造和平稳定的国际环境，才能从根本上解决核恐怖主义和核扩散问题，实现核能持久安全和发展。……我们在核安全领域多作一份努力，恐怖主义就少一次可乘之机。中国将坚定不移增强自身核安全能力，坚定不移参与构建公平、合作、共赢的国际核安全体系，坚定不移支持国际原子能机构主导的核安全国际合作，坚定不移维护地区和世界和平稳定，为实现持久核安全继续作出自己的努力和贡献"①。

欧盟同样认为加强核安全、防范核恐怖主义是未来几年国际社会共同面临的重要挑战，因此各国都负有维护核材料和核设施安全的责任，同时要深化国际合作并加强协调，建立国际核安全体系并支持国际原子能机构发挥中心作用。

中欧在这一领域的合作应该关注以下几个方面：（1）尊重和发挥国际原子能机构在国际核安全框架中至关重要的作用；（2）在遵守《核材料实物保护公约》和《制止核恐怖主义行为国际公约》等国际公约时相互磋商、相互学习；（3）通过技术开发、人力资源开发、教育和培训等方式，在强化核安全能力建设的过程中相互取长补短；（4）切断核非法贩运渠道；（5）在核材料存放、核探测、分析鉴定、执法和新技术开发等相关领域分享信息和专业知识。

（六）积极探讨两军在反恐领域加强合作的可能性。《中华人民共和国反恐怖主义法（草案）》第七十六条规定，"经与有关国家达成协议，并报中央军事委员会批准，中国人民解放军、中国人民武装警察部队可以派员出境执行反恐怖主义任务"。作为派员出境执行反恐怖任务的第一步，中国人民解放军与欧盟军事参谋部（EUMS）就如何在反恐领域加强合作开展对话，甚至还

---

① 《习近平出席第三届核安全峰会并发表重要讲话》，人民网，2014年3月25日。http：//news. xinhuanet. com/world/2014 – 03/25/c_ 119921 679. htm。

可探讨举行反恐军事演习的可能性。

目前，中国与欧盟的所有成员国都建立了双边军事关系。因此，中国人民解放军还可与欧盟成员国在反恐领域加强合作，包括交流反恐技能和举行反恐军事演习。

（七）欧盟的反恐战略及反恐行动计划是指导欧盟及其成员国打击恐怖主义活动的纲领。因此，为了在反恐领域与欧盟加强合作，中国应该认真研究欧盟的这些重要文件。此外，由于近几年欧盟的一些成员国也制定了反恐战略和行动计划，因此，中国还应该关注不同成员国的这些文件。

（八）进一步发挥中欧警务培训项目的作用。2014 年 4 月发表的第二个中国对欧盟政策文件指出，"推动中欧警务执法合作发展，落实五年期警务培训合作项目，通过培训、考察和研讨会等形式，扩大中欧在警务管理、社会治安管理、执法规范、刑侦技术以及打击有组织犯罪等领域交流，增进互信，并为共同合作打击恐怖主义和经济犯罪、网络犯罪、毒品犯罪、有组织非法移民活动等严重跨国有组织犯罪奠定基础"。《中华人民共和国反恐怖主义法（草案）》第七十三条规定，"中华人民共和国根据缔结或者参加的国际条约，或者根据有关中央主管机关签订的合作协议，或者按照平等互惠原则，与其他国家、地区、国际组织开展反恐怖主义交流与合作"。

始于 2012 年的中欧警务培训项目是中欧警方首次在华开展的培训项目，为期 5 年。这一项目主要通过举办培训班和召开研讨会等形式，在维护社会秩序、打击跨国有组织犯罪和规范化执法等领域开展交流活动，受训人员以中国警察为主。

由于警察在反恐领域的作用不断上升，有必要更好地发挥这一项目在中欧反恐合作领域中的积极作用。具体措施可包括：（1）在认真总结经验的基础上，使这一项目进一步机制化和长期化；（2）扩大培训项目的涵盖面，大幅度增加反恐的内容；（3）选择若干欧盟成员国，在对方开办类似的培训项目。

四　小结

反恐斗争已成为全球治理的重要组成部分。中欧双方都是恐怖主义的受害者，因此有必要在反恐斗争中加强合作。

欧盟的反恐战略注重预防、保护、追踪和反应。中国尚未公开发表成文的反恐战略，但中国领导人的讲话以及中国在反恐领域采取的种种措施都表明，中国的反恐战略实际上与欧盟的反恐战略很相似。

中欧在反恐领域的合作可包括以下七个方面：尽快消除中欧双方在反恐领域中的认知差距；在欧盟层面上和国别层面上"双管齐下"；加强边境管控和信息交流；在武器贸易领域相互支持；加大在核安全领域的反恐合作；积极探讨两军在反恐领域加强合作的可能性；进一步发挥中欧警务培训项目的作用。

第八章　中欧在非洲事务中的合作

拥有十多亿人口的非洲是人类命运共同体的组成部分。非洲的经济发展水平较低，贫困问题严重，在追求和平、安全、发展和富裕的道路上面临着多种多样的挑战。这意味着，帮助非洲加快发展，符合全世界人民的共同利益，是国际社会的共同责任，而且有利于推动全球治理，有利于实现"2030 年可持续发展议程"。

中欧双方都与非洲国家保持密切的关系，但中非关系与欧非关系有一重大的差别。中国依然是发展中国家，因此中非关系是南南合作的重要组成部分，而欧非关系则具有南北关系的特征。应该指出的是，南南关系与南北关系并不冲突，两者可以互为动力，并行不悖。

虽然中非关系和欧非关系有着重大的差别，但双方在帮助非洲加快发展的过程中都积累了不少丰富的经验，都在为维护非洲大陆的和平、发展与稳定作出贡献，都主张加强非洲自身的能力建设。因此，中欧有必要在非洲事务中加强合作。

一　中国与非洲国家的关系

中国与非洲有着相似的历史遭遇。在非洲人民争取民族独立的过程中，中国曾给予道义上和政治上的支持；在非洲追求和平发展的过程中，中国给予巨大的经济支援；在维护发展中国家的权益和推动全球治理的过程中，中国与非洲国家紧密团结，齐心协力。

中非友好之所以能够经受住历史岁月和国际风云变幻的考验，关键是双方在发展相互关系中始终坚持真诚友好、平等相待、相互支持、共同发展的正确原则。近几年，随着中国国际地位的不断上升，中非关系取得了更为引人注目的发展。除贸易和投资大幅度增长以外，其他领域的合作同样富有成效，在国际事务中的磋商与协调日益加强。中国向非洲国家提供了力所能及的援助，非洲国家也在国际事务中给予中国诸多有力的支持。①

在中非双方的共同倡议下，"中非合作论坛—北京 2000 年部长级会议"于 2000 年 10 月 10—12 日在北京召开，中非合作论坛正式成立。这一论坛囊括与中国建交的 50 个非洲国家以及非洲联盟委员会。根据"平等磋商、增进了解、扩大共识、加强友谊、促进合作"的宗旨，该论坛已成为中非进行集体对话与多边合作的有效机制，构筑了中非间长期稳定、平等互利新型伙伴关系的重要框架和平台。迄今为止，该论坛已举办了两届峰会和六届部长级会议。

2006 年 1 月 12 日，中国政府发表了《中国对非洲政策文件》。这一文件提出，"从中国人民和非洲人民的根本利益出发，与非洲国家建立和发展政治上平等互信、经济上合作共赢、文化上交流互鉴的新型战略伙伴关系"。这一文件不仅描述了非洲的地位和作用，而且还阐述了中国对非政策的总体原则和目标：真诚友好，平等相待；互利互惠，共同繁荣；相互支持，密切配

① 根据第二个《中国对非洲政策文件》，中国自 2009 年起成为非洲第一大贸易伙伴国，2014 年中国对非贸易额增至 2006 年的 4 倍。中非人文交流快速增长，中非人员往来每年近 300 万人次，中非友好的社会和民意基础进一步扩大。中非交往与合作的广度和深度前所未有，中国对非洲经济发展的贡献率显著提升。

合；相互学习，共谋发展。① 此外，这一文件还确定了双方在政治、经济、教育、科技、文化、卫生、社会、和平与安全等领域开支合作的 30 项较为具体的措施。

在当今国际关系中，政治关系是经贸关系的保障，经贸关系是政治关系的基础，两者相辅相成，相得益彰。2015 年 12 月 4 日，中非合作论坛第二次峰会暨第六届部长级会议在南非的约翰内斯堡举行。中国国家主席习近平在峰会开幕式上的致辞中提议，将中非新型战略伙伴关系提升为全面战略合作伙伴关系，并为此做强和夯实"五大支柱"：坚持政治上平等互信；坚持经济上合作共赢；坚持文明上交流互鉴；坚持安全上守望相助；坚持国际事务中团结协作。② 在这一峰会上的总结讲话中，习近平主席还说："60 年来，特别是中非合作论坛成立以来，中非关系得到巨大发展。展望未来，中非迎来了合作共赢、共同发展的新时代。中方将本着真实亲诚对非政策理念和正确义利观，继续同非洲国家一道开拓进取，为实现中非共同发展而不懈努力。"③

在中非合作论坛约翰内斯堡峰会召开之日，中国发表了第二个《中国对非洲政策文件》。这一文件指出，加强同非洲国家的

---

① 关于非洲的地位的作用，《中国对非洲政策文件》认为，"非洲历史悠久，幅员广袤，资源丰富，发展潜力巨大。非洲人民经过长期斗争，挣脱殖民统治桎梏，铲除种族隔离制度，赢得独立和解放，为人类文明的进步作出了重大贡献。……非洲国家积极参与南南合作，推动南北对话，在国际事务中发挥着日益重要的作用"。

② 《中非合作论坛约翰内斯堡峰会宣言》宣布，"双方同意将中非新型战略伙伴关系提升为全面战略合作伙伴关系，推动中非友好互利合作实现跨越式发展"。http://www.fmprc.gov.cn/web/ziliao_ 674904/zt_ 674979/ywzt_ 675099/2015nzt/xzxffgcxqhbh_ 684980/zxxx_ 684982/t1323144. shtml.

③ 《习近平在中非合作论坛约翰内斯堡峰会上的总结讲话》，新华网，2015 年 12 月 6 日。http：//news. xinhuanet. com/world/2015 – 12/06/c_ 1117367230. htm。

团结与合作始终是中国独立自主和平外交政策的重要基石，是中国长期坚定的战略选择。新形势下，中国将秉持真实亲诚对非政策方针和正确义利观，推动中非友好互利合作实现新的跨越式发展。"真"是平等互信、团结互助，永远做非洲的最可靠朋友和真诚伙伴；"实"是务实高效、合作共赢，秉持言必信、行必果的理念，不折不扣落实对非互利合作方针和举措，在支持非洲实现自主发展的过程中实现中非共同发展。"亲"是人心相通、和谐共处，推动中非文明互鉴，促进思想融通、政策贯通、民心沟通，为中非友好提供坚实的民意和社会基础。"诚"是以诚相待、妥善解决问题，坚持从战略高度和长远角度看待和推进中非关系，共同为中非友好互利合作营造良好的环境。

为了推进中非全面战略合作伙伴关系建设，中方已为未来三年确定了重点实施的十大合作计划：工业化合作计划、农业现代化合作计划、基础设施合作计划、金融合作计划、绿色发展合作计划、贸易和投资便利化合作计划、减贫惠民合作计划、公共卫生合作计划、人文合作计划以及和平与安全合作计划。然而，随着中非关系的发展，国际上不时出现一些污蔑中国在非洲从事"新殖民主义"活动的无稽之谈。诚然，中国从非洲进口了大量初级产品，同时向其出口工业制成品，并在那里进行了较大规模的直接投资。但这一经贸关系符合中非双方的发展水平和经济结构，是一种实实在在的互惠和双赢，与新殖民主义行为相去甚远。而且，中国产品进入非洲市场是符合 WTO 原则的，是在等价交换的基础上进行的，与历史上殖民主义使用的那种以枪炮打开殖民地市场的惯用伎俩有着天壤之别。

二 欧盟与非洲国家的关系

在非洲独立以前，多个欧洲国家是其宗主国。因此，欧盟与非洲的历史、文化和经济关系源远流长。欧盟是非洲的主要贸易伙伴之一和直接投资的重要来源。欧盟甚至认为，它与非洲是一个尊重人权、自由、公平、团结、法律、法治和民主的"价值共同体"。

早在1975年，欧洲经济共同体（欧共体）就与非洲、加勒比海地区和太平洋地区的46个发展中国家在多哥首都洛美签署了《洛美协定》。这一协定的核心内容是欧共体为这些发展中国家提供多方面的经济援助，其中最重要的是为这些国家的出口商品提供关税方面的优惠。截至1989年，这一协定共续签了3次。第四个《洛美协定》到期后，欧盟与非洲、加勒比海地区和太平洋地区的77个国家于2000年6月23日在贝宁首都科托努签署了《非加太地区国家与欧共体及其成员国伙伴关系协定》（即《科托努协定》）。尽管国际上对《洛美协定》和《科托努协定》的评价莫衷一是，但其对非洲经济发展产生的积极影响是不容低估的。

2000年7月，首届非洲—欧盟首脑会议在埃及首都开罗举行，来自非洲统一组织（OAU）和欧盟的67个国家的元首、政府首脑或者代表与会。会议重点讨论了如何加强非洲和欧盟在经济、政治和社会等领域的合作等问题。

进入21世纪后，一方面，美国、中国、印度和巴西等大国对非洲的发展越来越重视，非洲在国际舞台上的地位随之上升；另一方面，非洲的内部同样发生了重大变化，增长潜力开始有力地释放，要求进一步巩固政治稳定和推进民主进程的呼声也在升高。此外，随着时间的推移，国际社会对非洲能否实现联合国千年发展目标（MSGs）确定的目标深表忧虑。

与此同时，欧盟对非洲的政策则越来越呈现出"碎片化"的特征。这一特征主要体现在以下三个层面上：一是欧盟与各个成员国对非洲的重视程度不同，对非洲的政策也有差异；二是贸易政策与其他政策的协调性不强；三是传统的经贸关系与欧盟的战略目标缺乏一致性。

　　此外，欧盟还认为，自 2000 年首届欧非峰会以来，双方的伙伴关系不断加深。与此同时，世界发生了巨大的变化，全球化进程稳步推进，全球性挑战愈益增多，欧盟和非洲内部也发生了巨大的变化。例如，双方的民主化和改革进程不断加快，一体化也在不断深化。非洲统一组织在 2002 年演化为非洲联盟（AU），欧盟的成员国数量增加了一倍。这些重大的变化要求欧盟与非洲的伙伴关系也应该发生相应的变化。

　　在这一背景下，欧盟于 2005 年 12 月 19 日发表了题为《欧盟与非洲：走向战略伙伴关系》的重要文件。[①] 根据这一文件的表述，双方将以国际法、人权、公平和相互负责任为基础，以巩固非洲的和平和安全、促进良政、提供经济援助、推动可持续发展、加快非洲一体化进程、扩大贸易和投资于人民为宗旨，通过强化政治对话和加强与非洲联盟等重要伙伴的合作等形式，构建一种有利于非洲实现联合国千年发展目标的战略伙伴关系。

　　如果说《欧盟与非洲：走向战略伙伴关系》反映的是欧盟单方面的战略构想，那么 2007 年 12 月 8—9 日在葡萄牙首都里斯本举行的第二届非洲—欧盟首脑会议通过的《非洲—欧盟战略伙伴关系：非洲与欧盟的共同战略》（以下简称《共同战略》），则是欧盟与非洲共同制定的双边关系的远景目标。[②]

　　根据这一文件，双方的伙伴关系将以下述四个目标为基础：（1）以非洲联盟和欧盟的合作为核心，通过加强双方在和平、安

---

　　① 　Communication from the Commission to the Council, the European Parliament and the European Economic and Social Committee：EU Strategy for Africa：Towards a Euro-African pact to accelerate Africa's development, Brussels, 12. 10. 2005. http：//ec. europa. eu/development/body/communications/docs/eu_ strategy_ for_ africa_ 12_ 10_ 2005_ en. pdf#zoom = 100.

　　② 　The Africa-EU Strategic Partnership：A Joint Africa-EU. Strategy, Lisbon, 9 December 2007. http：//www. consilium. europa. eu/uedocs/cms_ data/docs/pressdata/en/er/97496. pdf.

全、移民和发展等领域的合作，进一步强化政治伙伴关系；（2）促进非洲的和平、安全、民主治理、人权、基本权利、性别公平、可持续发展、工业化、区域一体化，确保非洲在2015年实现千年发展目标；（3）共同推动有效的多边主义，加快联合国等国际机构的改革，积极应对各种全球性挑战；（4）积极发挥公民社会的作用，以促进广泛的、以人为本的伙伴关系。

为了实现上述目标，《共同战略》确立了九个措施：（1）从传统关系向真实的、平等的和以追求共同目标为宗旨的伙伴关系过渡；（2）认真总结过去几十年双边关系的成败得失和经验教训；（3）充分利用共享的文化和社会遗产以及经济机遇，鼓励民间交往和文化交流；（4）支持非洲国家为推动可持续的社会经济发展而作出的努力；（5）制定相应的政策、框架、法律框架和金融框架等机制，并充分考虑各自的关切；（6）确保单个欧盟成员国和单个非洲国家之间的合作符合《共同战略》确定的目标；（7）共同应对全球挑战，强化在多边领域的对话和合作；（8）鼓励移民社群为东道国与祖国的联系和发展作出贡献；（9）鼓励公民社会和地方政府为《共同战略》确定的目标作出贡献。

第三届非洲—欧盟首脑会议于2010年11月29—30日在利比亚首都的黎波里召开。会议通过了《的黎波里宣言》和长达60页的《2011—2013年行动计划》。该文件为双方的合作确定了8个领域：和平与安全、民主治理与人权、贸易与区域一体化和基础设施建设、千年发展目标、能源与气候变化、移民与就业、科学与信息社会以及太空技术。①

第四届非洲—欧盟首脑会议于2014年4月2—3日在欧盟总部所在地布鲁塞尔举行。这一峰会重申了2007年制定的《共同

---

① European Commission, "3rd Africa EU-Summit 29/30 November, Tripoli", Brussels, 24 November 2010. http：//europa. eu/rapid/press-release _ MEMO－10－604_ en. htm？ locale = en.

战略》的重要性，并总结了双方在实施这一战略的过程中取得的成效。此外，这一届峰会还将2014—2017年的合作重点确定为以下五个领域：（1）和平与安全；（2）民主、良政及人权；（3）人的发展；（4）可持续发展和增长、包容性发展和增长以及一体化；（5）全球问题。

三　中欧在非洲事务中加强合作的
重点领域及方式方法

非洲在中国与欧盟的外交版图中都占有较为重要的地位。这就要求中欧在非洲事务中必须加强合作，以达到各尽其能、互利共赢的目的。迄今为止，中欧已举行了九轮非洲事务磋商。双方就各自对非合作、非洲形势和热点问题以及其他共同关心的问题深入交换了看法，并就在非洲开展三方合作进行了探讨。

欧盟委员会在2008年10月发表的关于欧盟、非洲和中国三方合作的文件中确定了三个原则：务实而不断深化；与非洲国家的有关伙伴共同参与；确保欧盟与中国在非洲的原则吻合其发展战略。此外，该文件还将三方在非洲的合作领域确定为：和平与安全、基础设施、环境和自然资源的可持续管理、农业和食品安全。①

2014年11月1日"走马上任"的新一届欧盟委员会同样重视中欧在非洲事务中的合作。例如，欧盟国际合作与发展委员内文·米米察（Neven Mimica）就职不足一个月后就访华，成为新一届欧盟委员会中首位访华的委员。他在北京表示，欧盟与非洲的关系由来已久，政治对话和经贸领域的交往全面发展。欧盟市

---

① Communication from the Commission to the European Parliament, the Council, the European Economic and Social Committee and the Committee of the Regions: The EU, Africa and China: Towards trilateral dialogue and cooperation, Brussels, 17 October, 2008.

场向非洲商品提供了最开放的优惠，同时也帮助非洲进一步强化其生产和贸易的能力，以便使其能充分利用欧盟提供的优惠。虽然欧盟与中国对非洲的看法不尽相同，但双方在该地区不应该成为竞争者，而是应该发挥互补性和各自的优势，在非洲的发展领域开展合作。①

中方也主张中欧应该加强第三方合作。例如，中国国务院总理李克强在2015年6月访问布鲁塞尔时，在中欧工商峰会上发表主旨演讲时说："中欧双方可以装备制造为重点，在第三方合作上突破。"② 他在2015年6月访问法国时，两国还发表了关于第三方市场合作的联合声明。合作的原则是：企业主导，政府推动；平等协商，互利共赢；互补、互利、开放、包容。③ 毫无疑问，这一原则同样适用于中欧在非洲事务中的合作。

中欧在非洲事务中的合作领域和方式方法应该是多种多样的。就中欧非三方目前的利益诉求而言，以下几个政策建议是十分重要的：

（一）邀请非洲直接参与中欧非洲事务磋商。中欧双方都已与非洲国家建立了密切的关系，并在非洲各自发挥着独特的影响力。但是，受历史因素和经济因素的影响，非洲在欧盟的外交政策中占有较为重要的地位，因此欧盟对第三方力量在非洲的存在持有戒备的心态。

2005年12月9日，中欧双方在布鲁塞尔举行了首次非洲问

---

① Interview：EU，China should build on complementarity in Africa：commissioner，Xinhuanet，2014 – 12 – 23. http：//news. xinhuanet. com/english/europe/europe/2014 – 12/23/c_ 133871851. htm.

② 《李克强在中欧工商峰会上的演讲》，新华网，2015年6月30日。http：//news. xinhuanet. com/world/2015 – 06/30/c_ 1115760599. htm。

③ 《中华人民共和国政府和法兰西共和国政府关于第三方市场合作的联合声明》，新华网，2015年7月1日。http：//news. xinhuanet. com/world/2015 – 07/01/c_ 1115787201. htm。

题战略对话（后改名为非洲事务磋商）。中欧希望通过这一对话（磋商）机制，相互了解对方的非洲政策，并对与非洲形势相关的热点问题交换看法。2014 年 10 月 28 日，中欧第九轮非洲事务磋商在北京举行。

为了使中欧非洲事务磋商这一独特的机制发挥更好的积极作用，同时也是为了落实中国坚持的"非洲需要、非洲同意、非洲参与"原则，有必要邀请非洲直接参与中欧之间的磋商。非洲的参与既有利于中欧双方了解其愿望和需求，也有利于中欧双方更直截了当地向非洲传递信息；既有利于增加中欧非洲事务磋商的透明度，也有利于吸引其他国家为非洲的发展作出多种多样的贡献。

（二）努力使欧盟参与"三网一化"建设。"三网一化"（高速铁路网、高速公路网、区域航空网及工业化）是中国为帮助非洲加快经济和社会发展而提出的经济倡议。这一倡议符合"非洲 2063 议程"（Agenda 2063）确定的优先发展领域，也有利于扩大中国在非洲的存在。[①] 2015 年年初，中国与非洲联盟签署了共同推动非洲"三网一化"建设的谅解备忘录。

"三网一化"与欧盟希望非洲优先发展的领域基本吻合。这是希望欧盟参与"三网一化"建设的必要条件之一。

"三网一化"建设已初见成效，但也面临着多方面的困难和挑战，如融资难度大、技术障碍高、非洲国家的劳动力素质低和管理经验差。甚至在传统安全和非传统安全领域，"三网一化"建设面临的风险也不容低估。

欧盟的企业在资金、技术、管理等领域拥有较为显著的优势。因此，在推动"三网一化"建设的过程中，为了应对各种困难、挑战和风险，中国企业有必要寻求欧盟企业的帮助和支持。

---

① African Union, "Agenda 2063 Vision and Priorities", http：//agenda2063. au. int/en/vision.

（三）加强在非洲农业领域的合作。非洲的耕地、水资源、草场和渔业等资源极其丰富，具有发展农牧渔业的良好条件和巨大潜力。但是，受经济发展水平和自然条件的制约，非洲的农业部门较为落后，粮食安全得不到保障。因此，加快非洲的农业发展，既有利于减少该地区的贫困现象，也有利于强化其经济活力。

长期以来，为加快非洲的农业发展，中国和欧盟都为其提供了大量资金和技术，甚至还派遣技术人员。中欧对非洲农业发展的支持各有特色。这为中欧双方在非洲农业领域加强合作奠定了基础。

根据以往中欧双方在援助非洲农业发展的过程中积累的经验，今后中欧可在以下几个方面加强合作：（1）利用中欧在资金和技术等方面的优势，组建一个中欧非三方农业发展基金，以尽快改善非洲国家的农业基础设施；（2）加快农业技术转移力度，联合培训非洲国家的农业技术人员；（3）鼓励中国的非政府组织和志愿者与欧盟的同类组织和人员进入非洲国家的农民家庭，以实施覆盖面更广的扶贫计划；（4）发挥中欧双方驻非洲外交机构的优势，向非洲国家及时传递国际市场上农产品价格信息和技术信息；（5）邀请欧盟列席中非农业合作论坛，以增加中国援非农业的透明度；（6）在多哈回合、联合国粮农组织以及"2015年后发展议程"等多边机制中加强协调，最大限度地为非洲国家的农业发展创造有利的外部环境；（7）共同兴建农业技术应用示范区，以中欧的先进农业技术替代非洲国家的一些落后的农业技术。

（四）开展中欧非三方国际产能合作。众所周知，非洲国家的工业基础薄弱，内生能力较差，在追求工业化的过程中很需要外部力量的扶持。

一方面，推动国际产能合作已成为中国对外开放战略的新的重要组成部分，因为中国在劳动密集型制造业领域拥有大量优势产业和剩余产能；另一方面，欧盟在实施再工业化战略的过程中，为了提升产业结构，同样需要向发展中国家转移技术含量低的产业。此外，中欧双方都已积累了在非洲国家进行直接投资的经验。因此，中国倡导的国际产能合作可以与欧盟的再工业化战略在非洲获得对接，为推动非洲的工业化进程作出贡献。

在推动中欧非三方产能合作的过程中，必须坚持以下原则：（1）不能转移污染严重、耗能量大的产业；（2）三方产能合作领域的选择必须以非洲国家的需求为基础；（3）必须充分发挥中欧非三方的比较优势；（4）在转移产能的过程中应该重视东道国企业管理人员和工人的培训，以尽快消除人才短缺的"瓶颈"。

（五）继续支持联合国在非洲地区加大维和和反恐的力度。非洲的和平与安全对中国和欧盟在该地区的战略利益和经济利益有着重大的影响。但是，近几年，非洲的恐怖主义在蔓延，反恐形势日益严峻，地区冲突也时有发生，安全形势面临不容低估的挑战。因此，中欧有必要共同努力，为非洲的反恐和维和作出更大的贡献。

中国支持非洲人以非洲方式解决非洲的问题。欧盟在原则上也接受这一主张，尽管它同意法国在2013年1月应马里政府的请求向这个非洲国家派出地面部队，以协助打击反政府武装。因此，中欧双方应该继续支持联合国在维护非洲地区的和平与安全的过程中发挥更大的作用，并积极参与联合国的有关行动。

（六）建立中欧非洲事务合作基金。中欧有足够的经济实力建立一个为非洲的发展作出贡献的合作基金。这一基金的宗旨可以包括3个方面：支持中欧企业在非洲从事与"三网一化"、农业合作、国际产能转移和基础设施有关的投资活动；支持中欧企业为推动非洲的人文和社会发展而开展各种投资活动；支持中欧学术界对非洲事务进行更为深入的研究。

这一基金不必隶属于中非发展基金或欧盟的有关基金，而是由中欧双方"另起炉灶"，共同出资和共同管理。但它应该是开放的，允许美国和其他国家加入。

应该指出的是，上述合作领域不仅有利于中欧，也有利于非洲。当然，为了实现真正意义上的"三赢"，除有的放矢地确定三方感兴趣的合作领域和选择切实可行的方式方法以外，中欧还有必要为合作创造必要的条件：

（一）有必要建立高度的政治共识。2006年9月9日在芬兰首都赫尔辛基举行的第九次中欧领导人会晤结束后发表的联合声明指出，"双方领导人还强调了各自与非洲关系的重要性，承诺一起为非洲的和平、稳定、可持续发展作出努力。欧方强调了其对非战略中所包括的良政和人权原则的重要性。中方强调坚持和平共处五项原则，特别是互不干涉内政原则"。这是中欧峰会首次讨论各自与非洲的关系，也是非洲事务在中欧关系中的地位不断上升的结果，体现了双方在非洲事务中加强合作的良好愿望。

但是，中欧双方在非洲事务中加强合作的政治共识，始终面临着进一步强化和提升的必要性。非洲毕竟被认为是欧洲的"后院"，因此欧盟对中国在非洲的存在常常持有警觉的心态，有时甚至还发出不友好的声音。例如，2008年4月23日欧洲议会发表的《中国的非洲政策及其对非洲的影响》认为，中国对非洲的"无条件"的援助对欧盟的"有条件"的援助构成了挑战。该文件还指责中国仅仅对拥有丰富的自然资源的非洲国家"感兴趣"而不愿意与所有非洲国家发展关系，并批评中国仅仅重视非洲的市场开发而轻视非洲的政府治理。① 一些欧洲学者也经常性地妄议中国的非洲政策，称中国在非洲的安全领域不愿意承担义务，在经贸领域推行重商主义政策，在政治领域不

---

① China's policy and its effects on Africa: European Parliament resolution of 23 April 2008 on China's policy and its effects on Africa (2007/2255 (INI)). http://www. europarl. europa. eu/meetdocs/2004 _ 2009/documents/dv/d - cn20 080602_ 09/D - CN20080602_ 09en. pdf.

关心民主和人权。

总之，一方面，中国应该尊重欧盟在非洲的传统势力范围，尽量避免对这一势力范围发起挑战；另一方面，欧盟也应该认识到，在全球化时代，尤其是在非洲外交独立性不断增强的条件下，非洲有必要实施多元化外交，与包括中国在内的所有外部力量发展关系。此外，在是否应该奉行不干涉内政以及是否为援助附加条件等一系列问题上，中欧双方必须努力消除分歧。

（二）有必要为实现和巩固非洲国家的政局稳定作出贡献。政局稳定对经济增长的贡献不容低估。非洲经济发展水平低下的原因是多方面的，其中之一就是政局不稳定。政变、内政或政权的非正常交替等不良现象在非洲司空见惯。

政局不稳定既不利于非洲自身的发展，也对其外交关系产生负面影响。因此，为了进一步提升中非关系和欧非关系，中国和欧盟有必要为该地区的政局稳定作出贡献。

作为非洲的好朋友、好兄弟，作为安理会常任理事国，中国一直为维护非洲的政局稳定发挥着积极和建设性的作用。2015年12月5日，中国外交部长王毅在中非合作论坛约翰内斯堡峰会结束后与南非国际关系与合作部长马沙巴内共同会见记者时表示，在参与非洲热点问题解决过程中，中国将继续跟非洲国家一道，本着平等协商精神，进一步探索形成具有中国特色、行之有效的热点问题解决之道：（1）不干涉非洲国家内政，恪守国际关系基本准则，根据当事国的需要和愿望，建设性地参与热点问题的解决；（2）支持非洲人以非洲方式解决非洲问题，支持当事国、地区国家、非洲次区域组织和非盟在解决本地区热点问题上发挥应有作用；（3）支持联合国和地区组织框架下劝和促谈、斡旋调停，不赞成动辄使用武力，不赞成没有联合国授权、未经当事国同意的单边军事行动；（4）对非洲面临的各种问题进行标本兼治，既要注重解决当前非洲面临的挑战，也要消除产生这些问的源头。①

中方提出的上述方针符合联合国宪章确定的原则，也符合非洲的实际情况，有利于非洲国家实现政局稳定。中方应该要求欧盟接受上述方针，使其以实际行动为非洲的政局稳定作出贡献。

（三）有必要努力消除"美国因素"对中欧非三边关系的影响。2012年6月，奥巴马政府发表了"美国对撒哈拉以南非洲的战略"；2014年8月，美国主办首届美非峰会。此外，奥巴马总统分别在2009年、2013年和2015年访问非洲。这一切动向都表明，美国在实施"重返东亚"战略、改善跨大西洋关系和巩固其在拉美"后院"的势力范围时，并未放弃对非洲的关注。换言之，中欧在非洲事务中的合作必然会受到"美国因素"的影响。

美国认为，有必要强化非洲的民主体制、加快经济增长和维系和平与安全。美国的这几个目标与中欧在非洲事务中追求的目标是基本吻合的。因此，在应对"美国因素"的过程中，可采取以下两个措施：（1）通过外交渠道向美国通报中欧非洲事务磋商的有关内容；（2）鼓励美方在资金上和技术上参与中欧在非洲开展的各种援助项目和投资项目；（3）经常性地组织中国、欧盟、美国和非洲四方的学者对非洲的发展问题进行共同的研究。

四　小结

一方面，中国与非洲在争取民族解放的斗争中始终相互同情、相互支持，结下了深厚的友谊；另一方面，《中欧合作2020战略规划》要求双方就具有全球重大影响的国际和地区问题加强对话与沟通，加强中欧在非洲、中亚、拉美及双方各自周边地区

---

① 王毅：《探索具有中国特色、行之有效的非洲热点问题解决之道》，外交部网站，2015年12月6日。http：//www.fmprc.gov.cn/web/ziliao_674904/zt_674979/dnzt_674981/xzxzt/xzxffgcxqhbh_684980/zxxx_684982/t1321666.shtml。

事务的磋商。中欧在非洲有着相同或相似的追求和目标，对非政策的内容也极为相近。这为中欧在非洲问题上进行对话与合作奠定了基础。

中欧在非洲事务中加强合作的重点领域可包括以下几个方面：邀请非洲直接参与中欧非洲事务磋商；努力使欧盟参与"三网一化"（高速铁路网、高速公路网、区域航空网及工业化）建设；加强在非洲农业领域的合作；开展中欧非三方国际产能合作；继续支持联合国在非洲地区加大维和行动和反恐斗争的力度；积极探讨建立中欧非洲事务合作基金。

为了实现真正意义上的"三赢"，除有的放矢地确定三方感兴趣的合作领域和选择切实可行的方式方法以外，中欧还有必要为合作创造以下必要条件：建立高度的政治共识，为实现和巩固非洲国家的政局稳定作出贡献，积极消除"美国因素"的影响。

后　记

全球问题多种多样，层出不穷。联合国的"全球问题"（Global issues）网页列举了约 30 个全球问题。① 毫无疑问，这些问题对人类社会的生存构成了巨大的挑战。

顾名思义，全球问题就是全球性威胁和挑战。全球治理就是国际社会积极应对全球问题的过程。在这一过程中，国际上的主要力量加强合作是必不可少的。

在国际上，批评中国不能在国际事务中发挥"负责任的大国"的作用的声音不绝于耳。一些欧洲学者也认为，中国追求的是一种"耐心的学习过程"（a patient learning process）。②

2015 年 10 月 12 日，中共中央政治局就全球治理格局和全球治理体制进行第二十七次集体学习。中共中央总书记习近平在主持学习时发表了重要讲话。这意味着，积极参与全球治理已成为中国外交战略的重要内容，也是中国谋求发挥大国作用的体现。

虽然欧盟遭受了债务危机、乌克兰危机、难民危机和恐怖主义的打击，相对实力有所下降，但它在国际舞台上的地位不容低估。尤其在推动全球治理的过程中，欧盟发挥着较为重要的

---

① 参见 http：//www. un. org/en/globalissues/index. shtml。

② Jan Wouters and Matthieu Burnay，"Concluding remarks：China-EU relations in turbulent times：which way forward?" in Jan Wouters，Tanguy de Wilde，Pierre Defraigne and Jean-Christophe Defraigne（eds.），*China*，*the European Union and Global Governance*，Edward Elgar，2012，p. 327.

作用。

　　中欧在全球治理中加强合作，既能更好地应对多种多样的全球问题，也能丰富中欧全面战略伙伴关系的内涵。一些欧洲学者甚至认为，正是因为"中美共治"（G2）有利有弊，所以，中欧有必要充分利用其各自的力量，扬长避短，为全球治理的议程和决策施加必要的影响。①

　　中欧能否在全球治理中加强合作，与双方能否奉行以下原则有关：相互尊重主权，最大限度地吸纳一切可以吸纳的力量，服从于联合国的主导作用及《联合国宪章》。此外，双方还应该使中欧关系稳步推进。

　　研究全球治理，既可在理论层面上展开，也可从问题导向入手。相比之下，问题导向的研究可能更有利于为我国外交决策服务。

　　全球问题不胜枚举。中欧在全球治理中的合作不可能无所不包，面面俱到。就当前全球问题的严重性及中国面临的"战略机遇期"而言，中欧在全球治理中的合作应该主要包括：在二十国集团（G20）内的合作、在全球贸易治理中的合作、在全球金融治理中的合作、在全球气候治理中的合作、在网络安全领域的合作、在反恐领域的合作以及在非洲事务中的合作。

---

　　① Jan Wouters and Matthieu Burnay, "Concluding remarks: China-EU relations in turbulent times: which way forward?" in Jan Wouters, Tanguy de Wilde, Pierre Defraigne and Jean-Christophe Defraigne (eds.), *China, the European Union and Global Governance*, Edward Elgar, 2012, p. 327.

致　　谢

　　本书是我承担的 2014 年度中国社会科学院创新工程重大课题《中欧在全球治理中的合作》的最终成果。

　　在撰写本书的过程中，我很荣幸地得到了许多人的帮助、开导和启发。他们是：中国社会科学院欧洲研究所所长黄平、科研处处长钱小平和副处长蔡雅洁、经济研究室主任陈新、社会文化研究室主任田德文、政治研究室副研究员曹慧和傅聪，中国社会科学院世界经济与政治研究所国际投资研究室主任张明、全球治理研究室主任黄薇、全球治理研究室研究员李东燕、国际贸易研究室副研究员苏庆义，中国国际问题研究院欧洲研究所所长崔洪建、副研究员金玲，北京师范大学经济与工商管理学院国际金融研究所所长贺力平，中国人民大学国际关系学院副院长闫瑾，北京外国语大学德语系教授刘立群，上海国际问题研究院全球治理研究所所长叶江、西亚非洲研究中心副主任张春，复旦大学国际问题研究院副教授简军波，上海政法学院国际事务与公共管理学院讲师周秋君，中国社会科学院研究生院欧洲研究系博士生刘媛媛、张建平和伍建华、西亚非洲研究系博士生周瑾艳。

　　我向他们表示由衷的感谢。

江时学　1980 年毕业于上海外国语学院（今上海外国语大学），同年到中联部拉丁美洲研究所工作（1981 年 1 月该所的建制从中联部划归中国社会科学院）。1997 年 12 月至 2008 年 11 月任中国社会科学院拉丁美洲研究所副所长、学术委员会主任、中国社会科学院研究生院拉美研究系主任；2008 年 11 月任中国社会科学院欧洲研究所副所长、中国社会科学院研究生院教授委员会执行委员、欧洲研究系主任。

兼任上海大学特聘教授、安徽大学特聘教授、中国欧洲学会欧盟经济研究分会副会长、中国欧洲学会英国研究分会副会长、中国新兴经济体研究会副会长、中国拉丁美洲学会副会长、中国拉美史研究会副理事长、北京大学拉美研究中心副主任。

1998 年晋升为研究员，2002 年被评为博士生导师，2002 年获国务院颁发的"政府特殊津贴"，2010 年被评为中国社会科学院研究系列最高级别二级研究员。

1985 年 8 月至 1986 年 8 月在加拿大约克大学进修，1990 年 1 月至 1991 年 1 月在美国加州大学（圣迭戈）进修，1998 年 3 月至 4 月在加州大学（圣迭戈）伊比利亚美洲研究中心从事研究工作，2013 年 1 月至 3 月在布鲁塞尔欧洲政策中心从事研究工作。曾赴美洲、亚洲、欧洲和大洋洲的 30 多个国家进行学术交流和讲学。

研究领域为欧洲、拉丁美洲、发展中国家和新兴经济体。